POLYGLOTT on tour

Österreich

Die Autoren

Nicola Förg

studierte Germanistik und Geografie und lebt als freie Journalistin und Autorin in München. Österreich bereist sie seit vielen Jahren regelmäßig und kennt auch die weniger ausgetretenen Pfade.

Margret Hütt

studierte Geografie in München. Zusammen mit ihrer Familie entdeckte sie auf zahlreichen Reisen nach Österreich neben den Kulturschätzen auch die vielen Wander- und Sportmöglichkeiten des Landes.

Reiseplanung

Land & Leute

Unterwegs in Österreich

Tirol mit seinen Bergen und Tälern bezaubert mit herbem Charme und als Sportdestination das ganze Jahr über. Innsbruck setzt das kulturelle Glanzlicht. Montafon und Lechtal sind zwei der bekanntesten Regionen Vorarlbergs.

Mehr als Festspiele und Mozartkugeln hat Salzburg zu bieten. Gut lustig sein kann man im Salzkammergut schon lange – in Höhlen, Bergwerken, Salz- und Thermalstollen verstecken sich Naturschätze, in Küche und Badeorten ganzheitliches Wohlfühlen.

Karten

Reiseplanung

Die Reiseregionen][Die schönsten Touren][Klima und Reisezeit][Anreise][Reisen im Land][Sport und Aktivitäten][Unterkunft

Die Reiseregionen im Überblick

Vorarlberg reicht vom Dreiländereck des Bodensees durch anmutiges Bergland hinein in hochalpine Zonen. Es gehört als einziges Bundesland Österreichs nicht zum bajuwarischen, sondern zum alemannischen Siedlungsraum. Schneeglänzende Gipfel, schroffe Felsen, klare Gebirgsseen und sattgrüne Almen mit glücklichen Kühen – dafür steht mit Recht **Tirol.** Beide Bundesländer sind ideale Urlaubsregionen für Familien und Wanderlustige. Gut ausgebaute Wander- und Radwege bieten Möglichkeiten für alle Ansprüche, Bergbahnen ersparen vielerorts den mühseligen Anstieg.

Natur und Kultur auf hohem Niveau erlebt man im **Salzburger Land** mit dem **Salzkammergut.** Im Nationalpark Hohe Tauern leuchten weißfunkelnde Gipfel, die Almen im Pongau und den Salzburger Kalkalpen locken mit einer zünftigen Brotzeit. Die Mozartstadt Salzburg dagegen verführt – nicht nur mit einem hochkarätigen Musikprogramm. Charmant nostalgisch ist das Flair in den Sommerfrischen von Salzkammergut und Ausseer Land. Salz – das »weiße Gold« – brachte einst Reichtum und Wohlstand und ermöglichte barocke Pracht.

Kärnten und **Osttirol** sind die perfekten Ziele für alle, die im Urlaub gern Kultur und Gemütlichkeit verbinden. Hier spürt man die Nähe zum Süden und zu Italien: Mildes Klima, saubere, warme Seen und charmante Urlaubsorte mit mediterranem Flair gehören zu den Pluspunkten von Österreichs südlichsten Bundesländern.

Bezaubernde Dörfer entlang der Donau in der Wachau

Karte Umschlag hinten

Vielfältig ist eine Reise durch die **Steiermark:** Thermalquellen vulkanischen Ursprungs versprechen Wohlgefühl und Heilung. Äpfel und Kürbiskernöl, Styrabeef und Schilcher – die Steiermark ist das Land der kulinarischen Köstlichkeiten! Nicht zu vergessen Graz, dessen Altstadt zum Weltkulturerbe erhoben wurde, und das (noch) ein Geheimtipp unter Österreichliebhabern ist.

Das **Burgenland** ganz im Osten trumpft auf mit – nomen est omen – Burgen, Schlössern und feinen Weinen.

Ruhe und Beschaulichkeit abseits des Touristenrummels findet man in **Oberösterreich** und im Wald- und Weinviertel von **Niederösterreich.** Hier mittendrin liegt **Wien,** die Haupt- und Weltstadt mit ihrem eigenwilligen Charme. Die ehemalige Kaiserstadt ist – nicht nur wegen ihres reichen Kulturangebots – alleine mehrere Reisen wert. Südlich von Wien findet sich noch der alte Zauber der Donaumonarchie in nostalgischen Kurorten wie Baden und Semmering. Einen Höhepunkt jeder Österreichreise stellt mit Sicherheit die **Wachau** im Nordosten dar: Kloster Melk und viele der malerischen Orte und Burgen entlang der Donau bezaubern durch die gelungene Kombination von Natur und Kultur.

Die schönsten Touren

Von Wien nach Graz in acht Tagen

(1) Wien › Carnuntum › Illmitz › Rundfahrt Seewinkel › Eisenstadt › Bad Tatzmannsdorf › Heiligenkreuz oder Bad Blumau › Graz

Distanzen:

Wien › Illmitz 94 km; **Illmitz › Rust › Eisenstadt** 70 km; **Eisenstadt › Forchtenstein › Lockenhaus › Bad Tatzmannsdorf** 110 km; **Bad Tatzmannsdorf › Bad Blumau** 103 km; **Bad Blumau › Graz** 61 km.

Praktische Hinweise:

Diese Tour unternimmt man am besten mit dem Auto. Carnuntum, Freilichtmuseum und Amphitheater Ende März–Mitte Nov. 9–17 Uhr, Museum April–21. Dez. 10–17 Uhr. Mönchhof März bis Okt. Di–So 10–18.30 Uhr, Juni–Aug. tgl. 10-18.30 Uhr.

Von Wien nach Osten längs des Nationalparks Donauauen gelangt man nach ****Carnuntum** › S. 152, dem archäologischen Höhepunkt Österreichs. Anschließend geht es zum jüngst zum Weltkulturerbe gekürten ****Neusiedlersee** › S. 130. Als Station für zwei Nächte eignen sich ***Illmitz** oder **Podersdorf** nahe des **Nationalparks,** › S. 131. Unternehmen Sie Fahrradtouren oder Wanderungen ins Schutzgebiet oder gehen Sie in **Podersdorf** baden › S. 131. Das Freilichtmuseum ***Mönchhof** › S. 130, ****Schloss Halbturn** › S. 130 und ****Frauenkirchen** › S. 131 stehen am dritten Tag auf dem Programm. Die **Neusiedler Weinstraße** führt zum westlich des Sees gelegenen Leithagebirge, das sich im Frühjahr in ein wahres Kirschblütenmeer verwandelt. Hinter ***Rust** › S. 133, einem Zentrum des Weinbaus, geht es steil hinauf nach **St. Margarethen** › S. 133 zum Römersteinbruch. Die nächste Station ist ****Eisenstadt** › S. 132 – planen Sie hier zwei Übernachtungen ein. Ausflüge führen in die »Buckelige Welt« und zu den **Burgen *Forchtenstein** › S. 134 und ***Lockenhaus** › S. 135. Theater und Raubritterspiele erwecken die Burgen im Sommer zum Leben. Schön übernachtet es sich in **Bad Tatzmannsdorf** › S. 120 mit seinen Thermenanlagen. Wer bislang noch kein Weinliebhaber war, wird auf der Fahrt über die Straße »Weinidylle Südburgenland« nach Güssing sicher bekehrt: Urige Weinlokale, regionale Weinspezialitäten und gepflegte Weinberge machen Lust am Genuss! Gut übernachten lässt es sich im Hotel der ***Hundertwassertherme** im steirischen **Bad Blumau** › S. 120. Krönender Abschluss der Tour ist der Besuch der bezaubernden Altstadt von *****Graz** › S. 115.

Farbenprächtige Fassaden im historischen Stadtkern von Graz

Karte Umschlag hinten

Einwöchige Fahrradtour durch das Ennstal

2 Radstadt › Gröbming › Aigen i. E. › Admont › Altenmarkt › Steyr

Distanzen:

Radstadt › Gröbming 37 km; **Gröbming › Aigen i. E.** 45 km; **Aigen i. E. › Admont** 30 km; **Admont › Altenmarkt** 44 km; **Altenmarkt › Steyr** 63 km.

Verkehrsmittel:

Gutes Tourenrad oder Mountainbike mit Gangschaltung. Tagesetappen 3 bis 6 Std., Durchschnittstempo ca. 10 km/h. Mit dem Zug bis zum Startort Radstadt. Bahn-Rückweg von Steyr nach Radstadt über Linz-Salzburg (Dauer ca. 4,5 Std.). Zeitsparender und bequemer ist der Shuttlebusservice der Firma Huber Reisen von Steyr nach Radstadt. (Tel. 0 64 57/24 02, www.huberreisen.at, nur bei ausreichender Nachfrage).

Der neue Radwanderweg ist einer der schönsten! Über extra angelegte Trassen und kleine Nebenstraßen führt er durch Salzburg, Steiermark und Oberösterreich. Man radelt durch eine beeindruckende Bergkulisse mit romantischen Tälern und tiefen Schluchten. Da die Route dem Fluss folgt, geht es meist bergab, nur ab und zu sind Zwischenanstiege zu bewältigen. Daher eignet sich die Tour für Radler mit durchschnittlicher Kondition und Familien mit größeren Kindern.

Ausgangspunkt ist **Radstadt** › S. 124 mit seiner verwinkelten Altstadt. Mit Blick auf Dachstein und Niedere Tauern geht es zunächst nach **Gröbming** (Übernachtung, › S. 127). Hier lohnt ein Abstecher ins liebliche ***Großsölkbachtal** › S. 125 (Zusatztag!). Am nächsten Tag radeln Sie nach **Aigen im Ennstal** › S. 127 – Lust auf ein Bad im Alpenmoorsee Putterersee? *****Stift Admont** › S. 125 ist der kulturhistorische Höhepunkt der Tour und Ziel der nächsten Tagesetappe. Durch den spektakulären *****Nationalpark Gesäuse** › S. 126 mit von Felswänden gerahmten Flussauen erreicht man **Hieflau,** einst Zentrum der Eisenverhüttung, und den nächsten Übernachtungsort **Altenmarkt** › S. 127. Durch die **Ennstaler Alpen** geht es zum Besucherzentrum ****Nationalpark Kalkalpen** in **Reichraming** › S. 161. Gegen Abend erreicht man die Romantikstadt ***Steyr** › S. 160. Quartieren Sie sich für zwei Nächte ein und machen Sie einen Ausflug ins schöne **Steyrtal**!

Wanderwoche in der Venedigergruppe (Hohe Tauern)

–3– 1. Wanderung: Untersulzbachtal › Geolehrpfad Knappenweg; 2. Wanderung: Gletscherweg Innergschlöss; 3. Wanderung: Krimmler Wasserfälle › Krimmler Tauernhaus › Krimmler Wasserfälle

Distanzen:

1. Wanderung: Auf dem Knappenweg zum Schaubergwerk Hochfeld: 200 Höhenmeter, Auf- und Abstieg je 1 Std.

2. Wanderung: Matreier Tauernhaus › Innergschlöss: geringe Steigung, Aufstieg 1,5 Std., Abstieg 1 Std.; Verlängerungsmöglichkeit mit Übernachtung: **Innergschlöss › Gletscherweg › Innergschlöss:** Aufstieg 3 Std., 800 Höhenmeter, Abstieg 2,5 Stunden.

3. Wanderung: Wanderparkplatz Krimmler Wasserfälle › Krimmler Tauernhaus: Aufstieg 3 Std., 540 Höhenmeter, Abstieg 2 Std.; Verlängerungsmöglichkeit zum Rainbachsee: **Krimmler Tauernhaus › Rainbachsee:** Aufstieg 3 Stunden, 780 Höhenmeter, Abstieg 2,5 Std.

Praktische Hinweise:

Anreise zu Ausgangspunkten der Wanderungen mit dem Auto. Zum Krimmler Tauernhaus fahren Taxis, nach Innergschlöss Pendeltaxi und Kutschen. Standquartier für die Woche könnte Neukirchen am Großvenediger › S. 83 sein, bei verlängerten Wanderungen zusätzlich im Venedigerhaus bzw. Krimmler Tauernhaus (rechtzeitig anmelden!). Krimmler Tauernhaus Tel. 0 65 64/83 27; Matreier Tauernhaus Tel. 0 48 75/88 11, Parkplatzgebühr 8 €; Venedigerhaus Tel. 0 48 75/88 20.

Sehr zu empfehlen sind die Natur- und Kulturführer zu den einzelnen Wanderungen, Bestellung beim Österreichischen Alpenverein (ÖAV), Olympiastraße 37, 6020 Innsbruck, Tel. 05 12/5 95 47, www.alpenverein.at, und die Wanderkarten des ÖAV Nr. 36 und 35/3. Schaubergwerk Hochfeld: Mitte Mai–Juni tgl. 11–13 Uhr, Sept.–Okt. 12–13 Uhr, Anmeldung erforderlich, Juli, Aug. Mo bis Fr 10.30–14.30 Uhr, Sa, So 11–13 Uhr, Tel. 0 65 65/63 96.

Die hochalpine Landschaft im ***Nationalpark Hohe Tauern** kann man auf folgenden drei Wanderungen erkunden. Gute Kondition, Trittsicherheit, aber keine hochalpine Erfahrung sind dabei nötig.

Karte Umschlag hinten

Berauschende Ausblicke auf den Großglockner im Nationalpark

Wanderung 1: Auf dem Knappenweg wandert man vom Parkplatz am Gasthof Schiedhof (850 m) bei Sulzau entlang der tosenden Wasser auf gut gesichertem Steig durch die Klamm des Untersulzbachs, der sich als Naturdenkmal **Untersulzbachwasserfall** in die Tiefe stürzt. Am Endpunkt der Wanderung steht das **Schaubergwerk Hochfeld** (1050 m; Besichtigung ca. 2 Std.).

Wanderung 2: Durch den Felbertauerntunnel führt der Weg nach Süden. Kurz hinter dem Tunnel geht es ab zum **Matreier Tauernhaus** (1512 m; gebührenpflichtiger Parkplatz). Ohne große Steigungen gelangt man in ca. 1,5 Stunden zum herrlichen Talschluss **Innergschlöss,** unterwegs kann man in Außergschlöss eine kleine Felskapelle besuchen. Nach einer deftigen Jausen im Venedigerhaus (1690 m) steigt man 1 Std. ab oder schließt weitere Touren an (Zusatzübernachtung einplanen!): Der **Gletscherweg** zählt zu den schönsten Wanderungen in den Ostalpen, erfordert aber gute Kondition und Trittsicherheit. Er führt in 3 Stunden (800 Höhenmeter) entlang des Salzbodensees (2137 m) in die felsigen Regionen am Vorfeld des Schlatenkees-Gletschers. Höchster Punkt des Rundwegs ist die Alte Prager Hütte auf 2489 m (Einkehrmöglichkeit). In steilen Serpentinen windet sich der Hüttenweg hinunter ins Tal. Das letzte Wegstück bis Innergschlöss legt man auf einer Forststraße zurück.

Wanderung 3: Diese Wanderung beginnt mit dem imposanten Naturschauspiel der ****Krimmler Wasserfälle** (1080 m, Eintritt) › S. 84. Vom Wanderparkplatz geht es zu den Wasserfällen, die über drei Stufen ins Tal stürzen. Oberhalb der Fälle im Achental fließt das Wasser gelassen und friedlich. Nach dreistündigem Aufstieg über Almwiesen und durch Wälder erreicht man das **Krimmler Tauernhaus** (1622 m; Einkehr- und Übernachtungsmöglichkeit). Von hier dauert der Abstieg 2 Std. Der weitere Weg – nur bei einer Zusatzübernachtung zu empfehlen – erfordert Zeit und Kondition: 3 Std. dauert der Aufstieg zum Rainbachsee auf 2402 m Höhe, aber der idyllische Platz, umrahmt von Gletschergipfeln, belohnt die Mühe allemal. Zurück geht es auf demselben Weg.

Von Salzburg nach Feldkirch in 7–10 Tagen

4 Salzburg › St. Johann im Pongau › Zell am See › Neukirchen a. G. › Zell am Ziller › Innsbruck › Zürs › Feldkirch

Distanzen:

Salzburg › St. Johann im Pongau 59 km; **St. Johann im Pongau › Zell am See** 41 km; **Zell am See › Neukirchen a. G.** 44 km; **Neukirchen a. G. › Zell am Ziller** 42 km; **Zell am Ziller › Innsbruck** 62 km; **Innsbruck › Zürs** 112 km; **Zürs › Feldkirch** 58 km.

Verkehrsmittel:

Auto oder Bahn. Zwischen Salzburg und Zell am See entspricht die Route dem Verlauf der Bahnstrecke, danach per Bahn über Saalfeld, Kitzbühel nach Wörgl. Die Straße führt über Neukirchen ins Zillertal. Ab Jenbach verlaufen Bahn und Straße durch das Inntal nach Innsbruck und Landeck, weiter durch den Arlbergtunnel bis Bludenz und schließlich nach Feldkirch. Abstecher nach Lech und Zürs oder ins Zillertal mit Postbus der OEBB (www.oebb.at).

Startpunkt dieser Reise durch das Salzburger Land, Tirol und Vorarlberg ist ***Salzburg › S. 72. Von hier aus geht es ins nahe gelegene **Hallein › S. 76 mit seiner reizvollen Altstadt und dem berühmten **Salzbergwerk. Erstes Etappenziel ist **St. Johann** › S. 87 im landschaftlich reizvollen Pongau. Am nächsten Morgen rüstet man sich nach der Besichtigung des Pongauer Doms für die Wanderung in die **Liechtensteinklamm.** In ***Zell am See** › S. 82 (Übernachtung) können Sie am Abend die schöne Stimmung über dem Wasser genießen. In östlicher Richtung liegen das **Pinzgau** und die ****Krimmler Wasserfälle** › S. 84, ein landschaftlicher Höhepunkt der Tour. Übernachten Sie in **Neukir-**

Karte Umschlag hinten

chen am Großvenediger › S. 83, bevor es in steilen Kehren über den Gerlospass ins Tiroler ****Zillertal** › S. 54 geht. Wer Zeit hat, schiebt in **Zell am Ziller** › S. 55 ein paar Zusatztage ein, wandert, fährt Mountainbike oder erkundet die reizvollen Seitentäler. Anschließend steht ****Innsbruck** (Übernachtung, › S. 51) auf dem Programm. Bei schönem Wetter lockt die Fahrt mit der *Bergbahn auf das Hafelekar, Kinder lieben den *Alpenzoo › S. 50. Die weitere Strecke folgt dem Inn bis Landeck oder führt – landschaftlich reizvoll – ab Telfs etwas weiter nördlich über den **Holzleitesattel** nach **Imst.** Östlich von St. Anton schwingt sich eine der schönsten Passstraßen auf den **Arlbergpass** in die Lechtaler Alpen. Für Sportfreaks und Gourmets lohnt der Abstecher nach **Lech** und **Zürs** › S. 66 (1 bis 2 Übernachtungen). Schließlich geht es nach Vorarlberg, wo Sie die reizende Altstadt von ***Feldkirch** › S. 64 erwartet.

Touren in der Region

Touren	Region	Dauer	Seite
Rund um die Lechtaler Alpen	Vorarlberg	5 Tage	43
Über die Silvretta ins Inntal	Vorarlberg und Tirol	4 Tage	45
Salzkammergut und Ausseer Land	Salzkammergut	8 Tage	68
Nationalpark Hohe Tauern	Salzburger Land	3 Tage	69
Zwischen Gurktaler Alpen und Saualpe	Kärnten	3 Tage	91
Längs der Drau nach Klagenfurt	Kärnten und Osttirol	3–6 Tage	92
Rundreise durch die Hochsteiermark	Steiermark	5–7 Tage	111
Schlösser, Thermen und Wein	Steiermark	7 Tage	114
Vom Kamptal in die Wachau	Niederösterreich	6 Tage	137
Linz und der Nationalpark Kalkalpen	Oberösterreich	3 Tage	140

Klima und Reisezeit

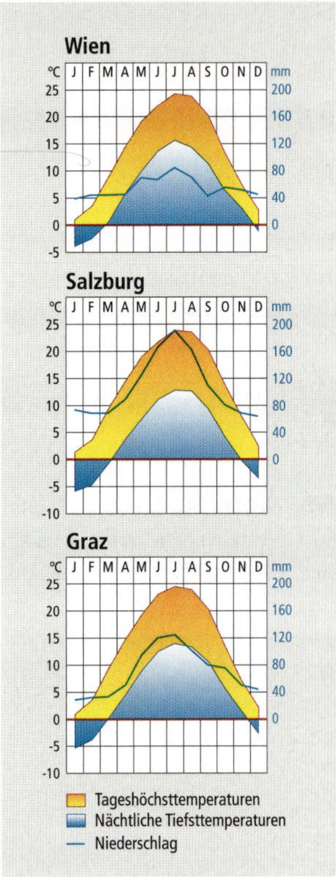

Klimatische Unterschiede bestehen zwischen dem Alpennordrand, den inneren Alpen, der Alpensüdseite und dem Tiefland im Osten: Am Nordrand der Alpen »picken« (kleben) die Wolken mitunter richtig an den Hängen. Atlantische Luftmassen stauen sich am Gebirge und steigen auf – Ursache für den typischen Schnürlregen im Salzburger Land. Rasche Wetterwechsel und Gewitterneigung kennzeichnen das alpine Klima im Inneren der Alpen. Niederschlag und Sonneneinstrahlung nehmen mit der Höhe zu, daher immer wieder die Mahnung an Bergwanderer, wetterfeste Kleidung und gute Sonnenschutzmittel einzupacken! Über Kärnten und der Steiermark strahlt oft ein herrlich blauer Himmel, während im Norden Österreichs Urlauber in Gummistiefeln durch Pfützen schlurfen. Im Osten des Landes wird das Klima kontinentaler mit heißen Sommern, berüchtigten Ostwinden und oft klirrend kalten, trockenen Wintern.

Grundsätzlich hat Österreich immer Saison! Der Neusiedlersee und das Mostviertel südlich von Linz sind zur Baumblüte im April/Mai am attraktivsten; für Städtetrips eignet sich der milde Frühsommer, zum Wandern die Monate September und Oktober. Im Hochsommer zieht es Wasserratten an die Seen Kärntens und des Salzkammerguts. Beachten Sie bei der Urlaubsplanung, dass während der Festivals in den jeweiligen Regionen › S. 36 Hotelbetten knapp werden. Wer für Juli oder August einen Salzburgbesuch plant, muss lange im Voraus buchen.

Schul- und Semesterferien sind 1 Woche Mitte Februar, zu Ostern 2 Wochen nach Palmsonntag, an Pfingsten 4 Tage, im Juli und August, zu Weihnachten vom 24. Dezember bis 6. Januar.

Anreise

Mit dem Flugzeug

Flughäfen gibt es in Salzburg, Innsbruck, Graz, Klagenfurt, Linz und Wien. Von Deutschland bzw. der Schweiz fliegen Lufthansa, Austrian Airlines, Tyrolean Airways und Swiss nach Österreich.

Mit dem Auto

Die großen österreichischen Grenzstädte Bregenz, Kufstein und Salzburg sind von Deutschland gut per Auto oder Bahn zu erreichen. Zur Hauptreisezeit ist auf den Autobahnen mit Staus zu rechnen.

Reisen im Land

Mit dem Auto

In Österreich sind auf Autobahnen 130 km/h erlaubt (Inntalautobahn 22–6 Uhr 110 km/h). Auf Landstraßen beträgt die Höchstgeschwindigkeit 100 km/h, im Ort 50 km/h. Die Promillegrenze liegt bei 0,5. Das Mitführen einer Warnweste im Fahrzeug ist Pflicht. Vom 1. November bis 15. April müssen Autos mit Winterreifen ausgestattet sein! Wintersperren betreffen u. a. die Silvretta Hochalpenstraße, die Großglockner Hochalpenstraße und die Strecke Lech–Warth. Pannendienste unterhalten ÖAMTC (Tel. 1 20) und ARBÖ (Tel. 1 23).

Echt gut!

Die schönsten Bergstraßen

- Zwischen Salzburger Land und Kärnten bzw. Osttirol gibt es im Sommer keine Alternative zu einer der spektakulärsten Routen des Landes: der **Großglockner Hochalpenstraße.** › S. 84
- Anmutig und sanft sind die Gipfel der runden Nockberge – sie lernt man kennen bei der überaus reizvollen Fahrt auf der **Nockalmstraße.** › S. 102
- Die schmale kurvenreiche Straße über den **Gerlospass** in Tirol führt vom Zillertal in die Hohen Tauern, vorbei an den spektakulären Krimmler Wasserfällen. › S. 84
- Die **Silvretta Hochalpenstraße** zwischen Vorarlberg und Tirol ermöglicht wunderbare Ausblicke auf Bergriesen und Gletscher wie den Piz Buin. › S. 65

Kurvige Alpenpässse

Echt gut!

Die traditionsreichsten Bergbahnen

- Über 100 Jahre schon erklimmt Österreichs steilste Zahnradbahn, die **Schafbergbahn,** den Schafberg im Salzkammergut. › S. 77
- Zum UNESCO-Weltkulturerbe gehört die **Semmeringbahn** im Naherholungsgebiet bei Wien. › S. 153
- Von Ehrwald führt die **Tiroler Zugspitzbahn** auf die **Zugspitze** mit überwältigendem Panoramablick aufs Wettersteinmassiv und die Mieminger Berge (Tel. 0 56 73/23 09, www.zugspitzbahn.at).
- Eine Fahrt mit der nostalgischen **Pöstlingbergbahn** auf den Hausberg von Linz gehört zu den Höhepunkten in der Region. › S.160
- 2008 ersetzte die neue **Nordkettenbahn** die alte Bahn von 1927. Atemberaubend ist der Blick vom Hafelekar auf Innsbruck und die Berge rings umher. › S. 50

Mautgebühren

Alle österreichischen Autobahnen sind mautpflichtig. An Raststätten und Tankstellen in Grenznähe sowie beim ADAC gibt es Vignetten für 10 Tage (7,70 €), 2 Monate (22,30 €) bzw. 1 Jahr (73,80 €). Einige Bergstraßen in Vorarlberg, Tirol, Salzburger Land, Kärnten und Steiermark sind im Winter gesperrt und im Sommer mautpflichtig. Mautpflicht besteht auch auf der Felbertauernstraße, der Tauernautobahn, dem Karawankentunnel, der Großglockner und Timmelsjoch Hochalpenstraße, dem Arlberg-Tunnel, der Brennerautobahn, der Gerlosstraße und der Phyrn-Autobahn sowie einigen kleineren Bergstrecken.

Mit der Bahn

Das Netz der **Österreichischen Bundesbahn** (ÖBB, Tel. 01/58 00 oder 05/17 17, www.oebb.at) ist zwar nicht flächendeckend, aber **Bundes- und Postbusse** (Tel. 08 10/22 23 33, www.postbus.at) verbinden Bahnstationen selbst mit abgelegenen Alpentälern.

In vielen Regionen fahren noch Schmalspureisenbahnen mit unterschiedlicher Spurweite. Manchmal zockelt auch noch eine **Dampflok mit nostalgischen Waggons** (www.erlebnis-bahn-schiff.at oder www.waldviertel bahn.info/wsv/) über die Gleise.

Bergbahnen ermöglichen auch weniger sportlich Ambitionierten ein Bergerlebnis. Sie fahren meist 9–17 Uhr (Nov. und April für Wartungsarbeiten geschlossen).

Special

Mit Kindern unterwegs

Idealziel Kärnten

Vorbildlich familienfreundlich: Die Kärnten-Card garantiert freien Eintritt bei 53 besonders geeigneten Ausflugszielen (zu erkennen am »Kä-Ca«-Symbol). Riesig ist die Auswahl an Kinder- und Familienhotels. Info unter www.kaernten-family.at.

Reiten, Biken und Wassersport auf dem Afritzer- und dem Brennsee bietet das **Familien-Sportdorf Feld am See.** Ganz in der Nähe saust man auf der **Sommerrodelbahn Nocky Flitzer** von der Turracher Höhe 1600 Meter ins Tal (tgl. Juni–Okt. 10–17, Juli, Aug. bis 19 Uhr).

In **Kärntens Naturarena** (www.naturarena.com) garantieren Goldgräbercamp, Wildwasserrafting und Schlauchbootfahrten auf der Gail Abenteuer für größere Kinder. Die Kleinen lieben den Kärntner Erlebnispark und den warmen Pressegger See.

Auf 1500 m Höhe liegt die **Familien-Erlebnisregion Katschberg-Rennweg:** Wanderungen zu Fuß oder per Pferd, spezielle Veranstaltungen für Kinder, Mountainbiken oder Nordic Walking stehen auf dem Programm.

In der Kindertheaterwerkstatt auf **Schloss Porcia** in Spittal spielen im Juli und August jeden Dienstag von 14–16 Uhr die Kinder selbst Theater (Tel. 0 46 72/5 65 02 28). Im **Minimundus** am Wörthersee in Klagenfurt kann man sogar auf Weltreise gehen (www.minimundus.at).

! Drei bis fünf Smileys, Bären oder Panthertatzen geben an, wie kindgerecht die Ausstattung und wie umfangreich das Betreuungsprogramm der Hotels ist.

Auf Ritterspuren im Salzburger Land

Seit 900 Jahren thront die **Burg Hohenwerfen** über dem Salzachtal. Heute wohnen hier zwar keine Ritter mehr, aber ihre Waffen und Wohnräume kann man besichtigen. Besonders fasziniert die **Show des Landesfalkenhofs,** wo Greifvögel ihre Flugkünste demonstrieren (April–Okt. 9.30 bis 16.30, Mai–Sept. 9–17 Uhr, Juli/Aug. 9–18 Uhr, Flugvorführungen tgl. 11 und 15 Uhr). In der **Festung Hohensalzburg** › S. 72 stehen für Kinder eigene Audio-Guides zur Verfügung und bei Voranmeldung gibt es spezielle Kinderführungen (Mai–Sept. tgl. 9–19 Uhr, sonst kürzer).

Richtig lebendig wird das Mittelalter auf **Burg Mauterndorf:** Der Salzburger Erzbischof Leonhard von Keutschach bereitet gerade mit seinem Gefolge ein großes Jagdgelage vor. Wozu der Bergfried diente, das und mehr erklärt eine gut gemachte Ausstellung (Mai–Okt. 10–18 Uhr, sonst kürzer, www.salzburg-burgen.at).

Wilde Wasser!

Wasserfälle sind einfach faszinierend! Der Fußmarsch zu Tirols größtem, dem **Stuibenfall,** lohnt garantiert. Startpunkt ist das Ötzidorf bei Umhausen › S. 58, entlang des Hörlachbachs kommt nach 40 Minuten der Wasserfall in Sicht. Übrigens: Mittwochabends wird der Wasserfall beleuchtet (Mai bis Oktober)!

Die Krimmler Wasserfälle haben noch mehr zu bieten: Die **WasserWunderWelt** im Vorgelände informiert im Haus des Wassers rund ums Nass, im Aqua-Park kann man spielen und relaxen und im Multi-Visions-Kino staunen (Krimml, Mai–Okt. tgl. 9.30–17 Uhr, www.gerlosstrasse.at/de/wasserwunderwelt).

Abenteuer verspricht ein Trip durch eine Klamm: Senkrecht streben die Felswände nach oben, schmale Stege kleben an den Wänden, Hängebrücken führen von einer Seite zur anderen, unten braust und tobt das Wasser. Eindrucksvoll zu erleben in der **Raggaschlucht** in Südkärnten (nicht geeignet für Kleinkinder und Nicht-Schwindelfreie; unbedingt gutes Schuhwerk und Regenjacke! Mitte Mai-Sept. 10–16 Uhr, Juni bis Mitte Sept. 9–17 Uhr).

Am **Millstätter See** › S. 103 können kleine Wasserratten mit den Piraten der »BlackPearl« nach einem Schatz suchen (www.millstaettersee.at).

Höhlenforscher und Bergmänner

Salz nannte man früher »weißes Gold«. Mit Bergwerksbahnen und Rutschen fährt man als richtiger Bergmann in die Stollen der **Salzbergwerke** von **Altaussee** › S. 80, **Salzburg** › S. 76 **und Hallstatt** › S. 81 ein. Altaussee bietet Juli/August montags spezielle Kinderführungen an (Ende Apr.–Okt. 9–17 Uhr, www.salzwelten.at).

Warme Kleidung ist in der größten Eishöhle der Welt in **Werfen** im Salzburger Land angesagt › S. 77. Mit der Bergbahn geht es von 1080 m auf knapp 1600 m. Nach 20 Minuten Fußmarsch öffnet sich der Zugang zu den **Eisriesenwelten** (1641 m).

Magisch schimmern bizarre Eisskulpturen, die seit der letzten Eiszeit überdauerten (Mai–Okt. 9 bis 15.30, Juli, Aug. bis 16.30 Uhr, www.eisriesenwelt.at).

Eisige Stalagmiten und Stalaktiten erstrahlen auch in Bibi Blocksbergs Heimathöhle, der **Rieseneishöhle,** im benachbarten Dachsteinmassiv. Zu Fuß sind es von der Schönbergalm (Bergbahn ab Obertraun) nur wenige Minuten bis zum Eingang (Mai–Okt. 9.20–16.30 Uhr). Von Mai bis August führt die junge Hexe höchstpersönlich die Kinder durch die Höhle (Mai/Juni nur Sa, So 11.30, 15 Uhr, Juli/August täglich). Ganz in der Nähe liegt das gigantische Höhlensystem der **Mammuthöhle.** Woher sie ihren Namen hat und was Bergmilch ist, erfährt man auf dem einstündigen Rundgang (Mitte Mai–Okt. 10.15 bis 14.30, Juli, Aug. 9.15 bis 15 Uhr). Beide Höhlen im Dachsteinmassiv erreicht man von Obertraun mit der Krippensteinbahn (Mai–Okt. 8.40–17 Uhr, letzte Bergfahrt für einen Höhlenbesuch 14 bzw. 14.30 Uhr).

Ohne Bergbahnfahrt erreicht man die nahe gelegene **Koppenbrüllerhöhle.** In ihr rauscht nach starkem Regen ein regelrechter Wildbach. Sein Ursprung – der Bocksee – liegt tief im Inneren des Bergs. Bei speziellen Abenteuerführungen erkunden junge Besucher die geheimnisvollen Urwassergänge (Anmeldung erforderlich! Tel. 0 61 31/53 10; weitere Infos, auch zu Familientickets: www.dachsteinwelterbe.at).

Auf Schatzsuche

Selbst nach Gold schürfen – ein alter Kindertraum! Wahr wird er im **Goldgräberdorf in Heiligenblut** › S. 85, am südlichen Ende der Großglockner Hochalpenstraße. Knappenhütten, Schmiede, Röststadel, Pochwerk u.v.a. informieren, wie man aus Nuggets reines Gold gewinnt (Mitte Mai–Mitte Okt. 10–17 Uhr, www.goldgraeberdorf-heiligenblut.at).

Sport und Aktivitäten

Bergsteigen und Wandern

Österreich bietet nicht nur Bergsportprofis jede Menge Möglichkeiten – auch Bergfreunde mit wenig Erfahrung im alpinen Gelände kommen auf ihre Kosten. Geführte Alpenüberquerungen, Sportkletterkurse oder lieber Familienwanderungen, Genusswandern mit Einkehr bei Haubenköchen und Almenwanderungen mit Kräuter- und Blumenkunde? Das Angebot des Reiseveranstalters **Alpinschule Innsbruck** ist breit gefächert und bietet für jeden das Richtige (In der Stille 1, 6161 Natters, Tel. 05 12/54 60 00, www.asi.at).

Leicht gemacht wird das Trekken im **Pinzgauer Saalachtal:** Ob es durch Schluchten und Klammen geht oder sanfte Wanderungen auf dem Programm stehen – nur einen Tagesrucksack muss man tragen, alles andere wird zur nächsten Station gebracht (Tourismus Saalfelden, Tel. 0 65 82/ 7 40 17, www.pinzgauer-saalachtal.co.at). Kräftige Haflinger transportieren bei der dreitägigen Trekkingtour durch die **Hohen Tauern** das Gepäck von Hütte zu Hütte (Tourismus Matrei, Tel. 0 48 75/65 27, www.matrei.at). Durch das Hügelland der **Hochsteiermark** zu wandern ist auch für weniger Geübte ein Genuss (Tourismus Krieglach, Tel. 0 38 55/4 55 70, www.hochsteiermark.at). Im Burgenland bietet der vom Ennstal geprägte **Nationalpark Gesäuse** › S. 126 eine Vielzahl reizvoller Wanderwege und Steige.

Wander- und Wetter-Infos gibt der Österreichische Alpenverein: ÖAV, Tel. 05 12/58 78 28, Wetter: Tel. 09 00/91 15 66, www.alpenverein.at/wetter.

Echt gut! Die schönsten Wanderungen

- Knapp 2000 m hoch ist die **Hohe Salve.** Von ihr bietet sich ein herrlicher Blick auf die Kitzbüheler Alpen, Loferer Steinberge, Rofan und Kaiser. › S. 56
- Steil aufragende Felswände, Gletscher und Schnee begleiten den **Gletscherweg** zu Füßen des Großglockner › S. 13. Ausgangspunkt ist das Besucherzentrum auf der Kaiser-Franz-Josefs-Höhe im Nationalpark Hohe Tauern.
- Drei Tage durch das Dreitausendergebiet der Hohen Tauern, (noch) fernab der Massen, zieht der **Große Tauerntrek** von Matrei durchs Venedigermassiv. › S. 108
- Einfach zu gehen, aber schwer beeindruckend: Eine halbe Stunde wandert man von Ströden im **Virgental** auf einem Wasserlehrpfad zu den grandiosen **Umbalfällen.** › S. 107
- Auf Steigen und Brücken geht es durch die wildromantische **Klausschlucht** im **Salzatal.** Blau und grün schimmert die Salza. › S. 128

Golf

Über 100 Golfplätze stehen bereit, Kärnten gilt als Zentrum des grünen Sports – jüngster Neuzugang ist die **Golfanlage Millstätter See.** Die **Golfarena Baden** bietet mit sechs Golfplätzen Abwechslung (Tel. 0 22 52/22 60 06 24). Unprätentiös geht es im **Böhmerwald Golfpark Ulrichsberg** (Tel. 0 72 88/82 00) zu, wo ein 18-Loch-Meisterschaftsplatz und ein 9-Loch-Platz warten. »Gämsengolfplatz« wird der gebirgige Platz **Brand in Vorarlberg** (Tel. 0 55 59/4 50) liebevoll genannt. Die **Golfschaukel Lafnitztal** in Stegersbach ist mit zwei 18-Loch-Plätzen und einem 9-Loch-Platz Österreichs größtes Golfressort (Tel. 0 33 26/5 50 00). Als schönster Golfplatz gilt der **GC Fontana** mit 18-Loch-Championship-Anlage in Oberwaltersdorf vor Wien (Tel. 0 22 53/6 06 22 02)!

Golfschulen gibt es in Warmbad Villach (Golfcamp Warmbad, Tel. 0 42 42/3 25 64) und Loipersdorf (Thermengolf, Tel. 0 33 82/8 53 30), eine **Kindergolfschule** auf Gut Brandlhof in Saalfelden (Tel. 0 65 82/7 46 77). Weitere Infos unter www.golf.at.

Reiten

Anfänger sind im **Pferdedorf Ampflwang** (Robinsonclub, 4843 Ampflwang, Tel. 0 76 75/4 02 00, www.robinsonclub-ampflwang.at) gut aufgehoben. Für Westernreiter und Familien ist das Hotel **Kröller** (6281 Gerlos 21, Tel. 0 52 84/52 02, www.familyresort.at) ideal. Kärnten hat Europas größtes Reitwegenetz, Familienurlaub zu Pferde bietet **Reit-Eldorado Kärnten** (9300 St. Veit a. d. Glan, Hauptplatz 23, Tel. 0 42 12/2 88 80 69 39, www.reit-eldorado.at). Auch das Mühlviertel verfügt über stolze 450 km Reitwanderwege. Wanderreittouren organisiert z.B. der **Wanderreithof Kern** (4273 Unterweißenbach, Tel. 0 79 56/7 10 10, www.wanderreiter.at).

Drachenfliegen/Paragleiten

Verlockende Starthänge und gute Thermik machen Österreich zum Fliegerparadies. Wer's noch nicht kann, lernt es hier: **Flugschule Westendorf** (Tel. 06 76/8 47 61 71 00, www.para.at) oder **Paragleitschule Papillon** (Tel. 0 52 26/33 44, www.alpen-paragliding-center-stubai.de).

Surfen

Der Wolfgangsee und der Fuschlsee im Salzkammergut sind bei Surfern beliebt, Surfschulen finden sich dort in St. Gilgen, Strobl und Fuschl. Ideales Surfrevier ist der – noch nicht überlaufene – Plansee in Tirol!

Wildwasser

Kajakfahrer lieben das Land der Flüsse, denn die alpine Landschaft im Süden sorgt dafür, dass viele Flüsse und Bäche nicht müde dahinfließen. So finden Wildwasserfans die volle Bandbreite an Schwierigkeitsstufen zum Kajakfahren und Wildwasserrafting, aber auch Anfängern wird das richtige Nass geboten.

- **Motion**

Tel. 0 65 88/75 24][www.motion.co.at][Lofer
Kajakkurse, Rafting, Flusswandern.

- **Kajak Center Faaker See**

Tel. 06 50/4 10 22 71][www.kajak-faak.at][Villach-Drobollach
Kajakkurse und Kanutouren.

- **Raft-Camp Obervellach**

Tel. 0 47 82/27 27][www.sporterlebnis.at][Kärnten
Rafting, Hydrospeed, Flusswandern.

Wintersport

Viele Kilometer Piste und viel Après-Ski-Action findet man in **Tirol**: Die bekanntesten Regionen sind das Zillertal, Ötztal, Stubaital, die Europasportregion Zell am See und natürlich Kitzbühel sowie das Gebiet um Fiss/Serfaus/Ladis. In **Vorarlberg** liegen die Skigebiete Arlberg, Lech/Zürs/Warth und das Montafon. Im **Salzburger Land** lockt der Skiverbund Amadé nach Saalbach/Hinterglemm, Radstadt/Altenmarkt/Zauchensee und Obertauern. Ziemlich schneesicher ist die Region Nassfeld in **Kärnten.** In der **Steiermark** bietet die Dachstein-Tauern-Region umfassendes Skivergnügen. Ideale **Ziele für Familien** sind das Tennengau, das steirische Murau mit den Gebieten Kreischberg und Lachtal, in Kärnten Innerkrems, sowie das Tiroler Gschnitztal.

Echt gut! **Ein Paradies für Schlittschuhläufer ist der Weißensee** in Kärnten (www.weissensee.com)!

Special

Radler willkommen

Österreich ist ein Radfahrerland

Parallel zu fast jeder Bundesstraße verläuft ein Radweg, viele Berge sind mit dem Bike zu erklimmen. Am schönsten sind die Routen entlang der großen Flüsse Donau, Inn, Mur, Salzach, Drau und Enns, auf denen man ohne große Steigungen viel von Österreich kennenlernen kann (www.radtouren.at gibt eine Übersicht über Radtourenrouten mit Beschreibung und Literaturtipps).

Gebirgstouren locken vor allem in den westlichen Bundesländern: Schöne Routen jeden Schwierigkeitsgrads führen z.B. in die Täler des Nationalparks Hohe Tauern. Bei einer Tour durch das Krimmler Achental zum Arntal in Südtirol kann man sogar die Tauern überqueren. Ein anderes herrliches Mountainbike-Gebiet ist das Salzkammergut rund um das Dachsteinmassiv. Informationen geben die örtlichen Tourismusverbände.

Auf speziellen Mountainbike-Parcours lässt sich die Geschicklichkeit auf und mit dem Bike erproben und verbessern. Besonders groß und vielseitig ist der **Bikepark Leogang** im Salzburger Land.

Leoganger Bergbahnen
Hütten 39][5771 Leogang
Tel. 0 65 83/82 19
www.leoganger-bergbahnen.at.

Radverleih und -mitnahme

Die Österreichischen Bundesbahnen (ÖBB) bieten an vielen Stationen einen Radverleih an – am besten reservieren Sie ein Fahrrad schon vorab. Auch die Mitnahme eigener Räder ist normalerweise in Bussen und Bahnen möglich, wobei eine Fahrrad-Tageskarte zwischen 2,90 € (Regio-Biking) und 6,80 € (Intercity-Biking) kos-

tet. Das 1-Plus-Freizeitticket für maximal fünf Personen bietet Ermäßigungen sowie den kostenlosen Transport der Räder in Regional- und Eilzügen. Infos und Tickets: Tel. 05/17 17, www.oebb.at.

Bed & Bike

Radfahrer sind in ganz Österreich gern gesehen. Entlang der Radwanderwege finden Sie normalerweise leicht Unterkunft und Verpflegung – nur am Donauradweg ist eine Vorausreservierung anzuraten. Einige besonders radfahrerfreundliche Betriebe sind:

■ **Bike-Hotel Conrad**
Dorf 165
5754 Hinterglemm
Tel. 0 65 41/63 51
www.hotel-conrad.at

Gemütliches Hotel mit bikebegeisterten Wirtsleuten im Salzburger Pinzgau. Geführte Touren, eigener Bike-Shop. ●●

■ **Sporthotel Stock**
Dorf 142][6292 Finkenberg
Tel. 0 52 85/67 75
www.sporthotel-stock.com
Biken, Wandern und andere Outdoor-Aktivitäten im Zillertal. ●●●

■ **Hotel Yscla**
Nr. 125][6561 Ischgl
Tel. 0 54 44/52 75][www.yscla.at
Perfekter Service für Biker. ●●

■ **Hotel Regitnig**
Techendorf 33][9762 Weißensee
Tel. 0 47 13/22 25
www.hotel-regitnig.at
Nach der Tour kann man sich am hoteleigenen Strand ausruhen. ●●●

Infos, Literatur und Karten rund ums Rad:

■ **www.radtouren.at**
■ **www.tauernradweg.at**
■ **www.mur-radweg.at**
■ **www.ennsradweg.at**

■ **Oberösterreich Touristik**
Freistädter Str. 119][4041 Linz
Tel. 07 32/7 27 72 00
www.touristik.at
Radtouren in Österreich, Radliteratur und Karten. Hier gibt es auch die Übersichtsbroschüre »Radtouren in Österreich«, Tel. 07 32/22 10 22.

■ **Verlag Esterbauer**
Rodingersdorf][www.esterbauer.com
bikeline Radtourenbücher und Radkarten.

■ **Schubert & Franzke Kartographischer Verlag**
St. Pölten][www.schubert-franzke.com
Hier gibt es Karten im Maßstab 1:50 000.

■ **Radatlas Österreich und Donau-Radweg,**
Esterbauer/ILH, Stuttgart.

Unterkunft

Hotels, Gasthöfe und **Privatquartiere** gibt es in nahezu allen Orten Österreichs. Für die Hauptsaison im Juli und August und während der Festspielzeiten empfiehlt es sich, rechtzeitig zu reservieren. Einige Hotels und Gasthöfe haben sich in Angebotsgruppen zusammengeschlossen: »**Schlank & Schön**« heißen Arrangements, bei denen der Schwerpunkt auf Wellness und Beauty liegt; »**Kinderhotels Österreich**« wollen Kindern einen unvergesslichen Urlaub bieten (www.kinderhotels.com). Nicht nur für Romantiker ein Erlebnis sind **Übernachtungen auf Burgen und in Schlössern** (www.schlosshotels.co.at). Adressen für den **Urlaub auf dem Bauernhof** findet man unter www.farmholidays.com.

Das dichte Netz von ca. 500 **Campingplätzen** wird vom ADAC regelmäßig für Sauberkeit und Ausstattung gelobt (www.campingfuehrer.at). Informationsmaterial und Unterkunftsverzeichnisse erhält man bei der **Österreich Information** (www.austria.info).

In Städten findet man Mittelklassehotels schon ab 60 € pro Nacht im DZ mit Frühstück, auf dem Land gibt es nette Pensionen ab 30 €. In Wien und Salzburg liegen die Preise doppelt so hoch. Prüfen Sie Pauschalarrangements, vor allem in der Nebensaison locken Sonderangebote.

Die besten Unterkünfte

Echt gut!

- Mehrere Auszeichnungen erhielt die **Alpenrose** in Lermoos. Gleich gegenüber führt die Bergbahn auf den Grubigstein. › S. 60
- Eine vorzügliche Adresse ist das im Gault-Millau ausgezeichnete Luxus-Hotel **Brunnenhof** in Lech am Arlberg. › S. 66
- Städtische Eleganz und romantisches Biedermeierambiente vereint das **Schlossberg Hotel** in Graz. Idyllisch sitzt man in den Innenhöfen und Terrassengärten. › S. 117
- Eher ein luxuriöses Privatpalais ist das **Auersperg** in Salzburg mit großzügiger Gartenanlage. › S. 75
- Im **Hotel Landhaus Kellerwand** in Kötschach-Mauthen führt die berühmte Kochbuchautorin Sissy Sonnleitner Regie. › S. 105
- Einer der besten Campingplätze in Kärnten ist **Camping Rosental** in St. Margrethen. › S. 100

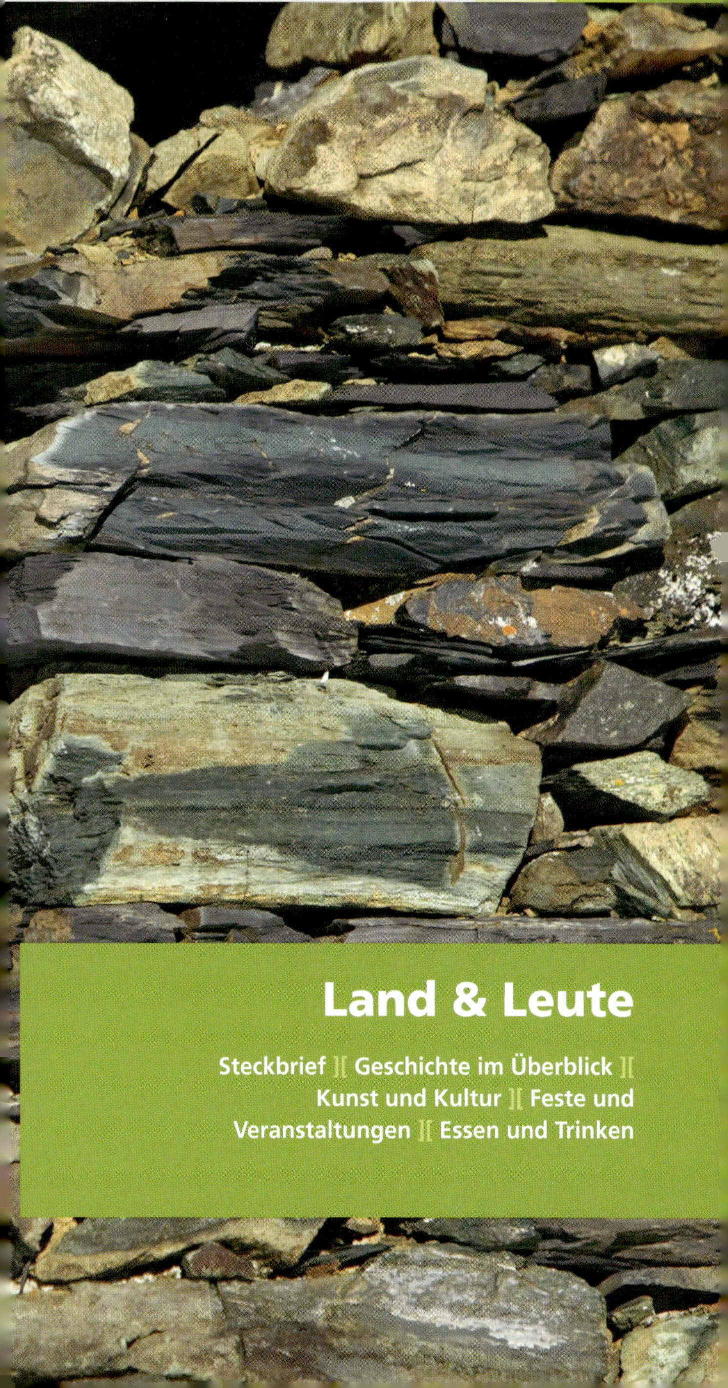

Land & Leute

Steckbrief][Geschichte im Überblick][Kunst und Kultur][Feste und Veranstaltungen][Essen und Trinken

Steckbrief

Österreich

Bundesländer: Vorarlberg, Tirol, Salzburg, Oberösterreich, Kärnten, Steiermark, Niederösterreich, Burgenland, Wien
Währung: Euro
Landesvorwahl: 00 43

Fläche: 83 858 km²
Einwohner: 8,2 Mio.
Bevölkerungsdichte: 98 Einw./km²
Größte Städte: Wien 1,6 Mio., Graz 240 000, Linz 200 000, Salzburg 150 000

Lage und Landschaft

»Land der Berge, Land am Strome, Land der Äcker, Land der Dome« – so besingt die österreichische Bundeshymne einen Staat von außerordentlicher landschaftlicher Vielfalt und Schönheit. Ein großer Teil wird von den aus Kalkstein bestehenden Ostalpen eingenommen. Das gewaltigste Gebirgsmassiv bilden jedoch die aus kristallinen Gesteinen bestehenden Hohen Tauern mit Großvenediger (3674 m) und Großglockner (3798 m), den beiden höchsten Bergen des Landes. Nördlich der Linie Salzburg–St. Pölten schließt sich das Alpenvorland an. Schotterebenen und Molassebecken schaffen dort die natürlichen Voraussetzungen für Viehwirtschaft, Acker- und Obstbau.

Überquert man die Donau, gelangt man in das bewaldete Hügelland von Mühl- und Waldviertel. Granit bildet dort den Untergrund, entsprechend kärglich sind die Böden. Im äußersten Osten der Republik liegen die Ausläufer des Pannonischen Beckens mit Neusiedlersee, dem größten See Österreichs, und Seewinkel.

Zwei große Flüsse gliedern das Landschaftsbild Österreichs: Das Inntal war und ist einer der wichtigsten Verkehrswege Tirols, und die Donau, der zweitlängste Strom Europas, durchfließt Österreich auf immerhin 350 km.

Natur und Umwelt

Ein Drittel des Landes ist bewaldet, wobei im Alpenraum die natürliche Vegetation subalpiner Mischwälder Fichten-Monokulturen gewichen ist. Eine Wiederaufforstung war nötig geworden, da für die Erzgewinnung im Mittelalter gewaltiger Kahlschlag betrieben worden war. Ein Großteil des heutigen Waldes ist deshalb erst 150 Jahre alt! Intensive Grünlandwirtschaft hat wenig artenreiche Mähwiesen hervorgebracht. Nur noch in der Wachau gibt es den pannonischen Trockenrasen mit Schlehdorn, Kuhschelle und Wildrose, im Seewinkel finden sich noch Salzkresse und Sandaster. In einem Gebiet von nur ca. 10 km^2 wächst bei Hermagor in Kärnten die Wulfenia, Österreichs seltenste Blume.

Zur Tierwelt gehören für die Alpenregion charakteristische Arten wie Steinbock, Gämse, Murmeltier und Steinadler, aber auch die bis zu 2 m lange, kletternde Äskulapnatter, Hamster und Spießente oder Seeregenpfeifer. Die Großtrappe lebt in einem kleinen geschützten Gebiet nahe der ungarischen Grenze.

Wirtschaft

Innerhalb des Dienstleistungssektors, in dem heute ca. 65% der Österreicher beschäftigt sind, nimmt der Tourismus eine bedeutende Rolle ein. Braunkohle- und Erzbergbau, Salzabbau, Erdöl- und Erdgasförderung sind gegenwärtig kaum noch von Bedeutung. 85% der Gesamtfläche Österreichs werden land- und forstwirtschaftlich genutzt. Wälder liefern den Rohstoff für eine bedeutende Holz- und Papierindustrie. Bauern erwirtschaften nur einen kleinen Teil des Bruttoinlandsproduktes; ca. 6% der Österreicher sind in der Landwirtschaft tätig. Das gebirgige Land mit seinem rauen Klima und seiner kleinflächigen Struktur hat mit Wettbewerbsnachteilen innerhalb der EU zu kämpfen. Ein Ausweg bietet sich in der Spezialisierung auf Qualitäts- und Bioprodukte – ein Vorteil auch für Besucher, die in Restaurants und auf Märkten hochwertige lokale Produkte erhalten.

Politik und Verwaltung

Im föderativen System des Landes verfügt jedes Bundesland über ein Landesparlament, dem der Landeshauptmann vorsteht. In der Bundeshauptstadt Wien befindet sich der Sitz des Bundespräsidenten, der Bundesregierung und der Organe der Bundesverwaltung. Die stärksten Parteien sind die sozialdemokratische SPÖ, die christlich-konservative ÖVP, die rechten Parteien FPÖ und BZÖ sowie die Grünen. Die Wahlen Ende September 2008 brachten einen deutlichen Rechtsruck. Die SPÖ blieb zwar stärkste Partei, die ÖVP verlor jedoch knapp 9% an die rechten Parteien. Österreich ist Mitglied der EFTA, der EU und der UN. In den Gebäuden der UNO-City in Wien haben mehrere Unterorganisationen der Vereinten Nationen ihren Sitz.

Geschichte im Überblick

30 000–800 v.Chr. Jäger, Fischer und Sammler besiedeln in den Zwischeneiszeiten die Alpentäler. In der Jungsteinzeit betreiben die Menschen Ackerbau und Viehzucht. Ab der Bronzezeit Kupferbergbau in den Alpen.

800–400 v.Chr. In der Hallstattzeit betreiben Menschen illyrischen und keltischen Ursprungs Bergbau und handeln mit Salz.

Ab 15 v.Chr. In den römischen Provinzen Noricum (westlich des Zillertals), Raetia und Pannonia (am Alpenostrand) entstehen die Städte Aguntum (nahe dem heutigen Lienz), Brigantium (Bregenz) oder Vindobona (Wien).

260–955 Wiederkehrende Einfälle kriegerischer Reitervölker der Hunnen, Awaren und Magyaren. Ab dem 5. Jh. schrittweiser Rückzug der Römer.

955 Otto I. besiegt die Ungarn auf dem Lechfeld bei Augsburg. Die Ostmark, mit der die Babenberger vom Kaiser belehnt werden, wird 996 erstmals »Ostarrichi« genannt.

1278 Mit König Rudolf I. beginnt die Regentschaft der Habsburger.

1493–1519 Kaiser Maximilian I. legt den Grundstein für das Habsburger-Weltreich, das v.a. durch eine Serie geschickter Ehe- und Hausverträge wächst. Sein Sohn Philipp heiratet Johanna die Wahnsinnige, die Erbin von Spanien und den amerikanischen Kolonien; sein Enkel Ferdinand gewinnt durch Heirat Ungarn und Böhmen.

1529 Die Osmanen belagern erstmals Wien.

1571 Der Protestantismus erreicht seinen Höhepunkt.

1576 Die Gegenreformation wird von Kaiser Rudolf II. zusammen mit den Jesuiten vorangetrieben.

1663–1699 Die Osmanen belagern 1683 erneut Wien, werden aber vom Reichsheer unter Führung von Prinz Eugen zurückgeschlagen. Als späterer Berater dreier Kaiser führt er Österreich zu bisher unerreichter wirtschaftlicher Blüte.

1740 Maria Theresia schafft einen modernen Beamtenstaat, reformiert das Heereswesen, führt die Volksschule ein und macht Wien zum künstlerischen Mittelpunkt Europas.

1781 Ihr Sohn Joseph II., Vertreter des aufgeklärten Absolutismus, stößt mit seinen Reformen – Abschaffung der Leibeigenschaft, Toleranzpatent für Protestanten, Aufhebung nicht gemeinnütziger Klöster – bei Adel und Klerus auf erbitterten Widerstand.

1797–1809 Napoleon überzieht das Habsburgerreich mit Kriegen; Franz II. muss 1806 auf die römisch-deutsche Kaiserkrone verzichten. Es ist das Ende des Heiligen Römischen Reiches Deutscher Nation.

1814–1848 Staatskanzler Metternich setzt restaurative Verordnungen durch: Zensur, Polizeistaat, Überwachung der Universitäten.
1848 Märzrevolution. Kaiser Ferdinand I. dankt ab. Sein Neffe Franz Joseph I. besteigt den Thron und regiert 68 Jahre lang.
1867 Ungarn wird als selbstständiger Teil des Reiches anerkannt; es entsteht die k. k. Doppelmonarchie.
1914–1918 Der Erste Weltkrieg endet für Österreich katastrophal. Die Monarchie wird aufgelöst – große Teile des Vielvölkerreichs werden selbstständige Staatsgebilde. Österreich wird Kleinstaat und Republik.
1919–1938 Wirtschaftliche Probleme und Konflikte zwischen dem sozialistischen Wien und dem konservativen Rest des Landes.
1938–1955 »Anschluss« an das Deutsche Reich. Österreich kämpft an der Seite des nationalsozialistischen Deutschland und wird 1945 in vier Besatzungszonen geteilt. 1955 endet die Besatzung – Österreich beschließt politische Neutralität.
1989 Der Eiserne Vorhang fällt. In der Folge verstärkte Brückenfunktion Österreichs zwischen Ost und West.
1995 tritt Österreich der EU bei.
2004 Die EU-Osterweiterung rückt Österreich in den Mittelpunkt der Europäischen Union.
2008 Große Koalition aus SPÖ und ÖVP zerbricht, Neuwahlen im Herbst bringen deutlichen Rechtsruck. Jörg Haider stirbt bei einem Autounfall.

Kunst und Kultur

Architektur

Eine Fahrt durch Österreich gleicht einer Reise durch die Kunstgeschichte. Schönstes Beispiel der seltenen romanischen Bauwerke ist die Ruprechtskirche in Wien. Die Renaissance war in Österreich stark mit Maximilian I. verknüpft – ihren Baustil kann man in Klagenfurt bewundern, am Schloss Porcia in Spittal oder auf Burg Hochosterwitz in Kärnten. Mit den Habsburgern begann der Barock: Joseph Munggenast konzipierte die Stiftskirche in Dürnstein, Jakob Prandtauer erbaute Stift Melk, Johann Bernhard Fischer von Erlach Karlskirche und Nationalbibliothek in Wien.

Der Klassizismus verlieh in Baden bei Wien einem ganzen Städtchen seine Handschrift. Nach 1848 demonstrierte der Historismus nochmals kaiserliche Macht und löste den Protest der Wiener Secession aus. Hauptfiguren dieser österreichischen Ausprägung des Jugendstils waren die Architekten Otto Wagner und Joseph Maria Olbrich. Die zeitge-

Der Fenstergucker an der Treppe zur Kanzel des Stephansdoms

nössische Moderne hat mit Friedensreich Hundertwasser ihren prominentesten Vertreter. International renommierte Architekten wie das Duo Coop Himmelb(l)au oder Hans Hollein sind im eigenen Land umstritten.

Plastik und Malerei

Nur 7 cm groß ist die archäologische Sensation von Krems: 1988 wurde die rund 30 000 Jahre alte »Venus vom Galgenberg« entdeckt. Sie ist damit rund 5000 Jahre älter als ihre rundliche Schwester, die »Venus von Willendorf« (beide im Naturhistorischen Museum, Wien). Die bedeutendsten Figuren der Romanik finden sich am Portal des Wiener Stephansdoms › S. 141. Der Flügel-Schnitzaltar von Michael Pacher in St. Wolfgang › S. 77 und die Kanzel von Anton Pilgram im Stephansdom entstanden in der Gotik. Während der Renaissance wirkte die »Donauschule« mit Lucas Cranach d. Älteren. Anton Maulpertsch und Paul Troger schufen barocke Altarbilder und Freskenzyklen wie das Deckengemälde in Schloss Halbturn › S. 130.

Unter den Malern des ausgehenden 19. bis frühen 20. Jhs. ragen Gustav Klimt, Egon Schiele, Oskar Kokoschka und Alfred Kubin hervor. Nach dem Zweiten Weltkrieg beherrschten Rudolf Hausner, Ernst Fuchs und Arik Brauer als Vertreter des Wiener Phantastischen Realismus die Szene. Zu den herausragenden Künstlern der Gegenwart zählen Alfred Hrdlicka sowie der Maler Arnulf Rainer.

Musik

Minnesänger waren am mittelalterlichen Hof in Wien gern gesehen; sowohl Walther von der Vogelweide als auch Oswald von Wolkenstein wurden gefördert.

Ein paar Jahrhunderte später prägten die Werke Mozarts, Beethovens und Haydns die Wiener Klassik. Anfang des 19. Jhs. erlebte das Kunstlied Franz Schuberts seine Blütezeit. Weltberühmt sind die Werke Franz Liszts und des seit 1878 in Wien lebenden Johannes Brahms. Anton

Bruckner verband in seiner Musik klassische Tradition mit volksliedhafter Melodik. Zwischen Tradition und Avantgarde stand Gustav Mahler, von 1897–1907 auch als Dirigent der Wiener Staatsoper tätig.

Der Wiener Walzer – entstanden aus Altwiener Singspielpossen, Ländler und Offenbachs »Bouffes Parisiennes« – eroberte die Welt im Dreivierteltakt. Begeisterung lösten die Wiener Operetten aus, etwa der »Zigeunerbaron« und die »Fledermaus« von Johann Strauß (Sohn) oder die »Lustige Witwe« von Franz Lehár. An der Wende zum 20. Jh. entstand die nach den Musiker-Brüdern Schrammel benannte Schrammelmusik. Inmitten von Sentimentalität und Gefälligkeit verwirrte Arnold Schönberg mit seinen Schülern Alban Berg und Anton von Webern mit Zwölftonmusik.

In den 1970er-Jahren begann die Zeit der kritischen Liedermacher: Wolfgang Ambros, Georg Danzer, Reinhard Fendrich und Ludwig Hirsch wurden musikalische Exportschlager. Die Verbindung von traditioneller Volksmusik mit Jazz, Rock oder Pop garantiert nun schon seit einigen Jahren den Erfolg von Musikern wie Hubert von Goisern, den Zillertaler Schürzenjägern oder DJ Ötzi.

Literatur

Erst im 17. Jh. bildete sich eine regionaltypische Literatur, die ab 1700 u.a. das Altwiener Volkstheater hervorbrachte. Schon früh tauchten komische Gestalten wie der Hanswurst oder der Kasperl auf, die während der Monarchie im braven Soldaten Schweijk von J. Hašek weiterlebten. Zu den großen Schriftstellern zählen Franz Grillparzer (1791–1872), Johann Nestroy (1801–1862) und Nikolaus Lenau (1802–1850). Im 19. Jh. wurde das einfache Volk zum Thema von Dichtern wie Peter Rosegger › S. 129, Ludwig Anzengruber und Marie von Ebner-Eschenbach (1830-1916). Wichtig in der österreichischen Literatur waren zwei in Prag lebende, weltberühmte Autoren – Franz Kafka und Rainer Maria Rilke.

Zynismus, Kritik und widerstreitende Gefühle kennzeichnen die Werke wichtiger Autoren des frühen 20. Jhs. Zu ihnen zählen Karl Kraus, Arthur Schnitzler, Hugo von Hofmannsthal (»Jedermann«), Peter Altenberg und Stefan Zweig. Robert Musil schuf in seinem »Mann ohne Eigenschaften« ein beklemmendes Bild vom Untergang der Monarchie. Das Dritte Reich trieb jüdische Autoren ins Exil, unter ihnen der spätere Nobelpreisträger Elias Canetti.

Nach dem Zweiten Weltkrieg versuchten die Literaten, ihre Erlebnisse in einer aus dem Lot geratenen Welt zu verarbeiten. Ernst Jandl, Thomas Bernhard, Peter Handke, Elfriede Jelinek und Ingeborg Bachmann setzten neue Akzente. Sie zeigen Menschen zwischen Resignation und Auflehnung, veranschaulichen menschliche Abgründe und Aggressionen und bedienen sich teilweise ganz neuer literarischer Stile.

Feste und Veranstaltungen

Österreich bietet eine schier unendliche Zahl an Theater-, Konzert- und Opernfestspielen. Dazu kommen noch die vielen regionalen Veranstaltungen, seien es Perchtenläufe, Fronleichnamsprozessionen oder landwirtschaftliche Feste. Im Folgenden finden Sie eine Auswahl der schönsten und bekanntesten Termine.

Festkalender

Februar Vielerorts wird ausgelassen Fasching gefeiert. Zu den bekanntesten **Faschingsbräuchen** zählen das Schemenlaufen in Imst, das Schleicherlaufen in Telfs und der Villacher Fasching.

März/April Zu Ostern locken die **»kleinen« Festspiele in Salzburg** mit Opernneuproduktionen und Orchesterkonzerten.

April bis Oktober Im **Waldviertler Musiksommer** wird Klassik und Jazz gespielt – 150 Konzerte umfasst das Programm!

Mai/Juni Die **Internationalen Barocktage** zu Pfingsten im Kloster Melk stehen im Zeichen der alten Musik. Die **Wiener Festwochen** bieten Konzerte, Filme und Theater internationaler Ensembles bei teils kostenlosem Eintritt (Tel. 01/2 45 55, www.info.wien.at, Bundestheater-Vorverkauf, Tel. 01/5 14 44 78 80, www.bundestheater.at). Am 60. Tag nach Ostersonntag ziehen feierliche **Fronleichnamsprozessionen** durch die Straßen, besonders farbenprächtig ist der Umzug in Hallstatt. Zwei Wochen Ende Mai dreht sich beim **Badener Rosenfest,** der größten Rosenschau Europas, alles um die Königin der Blumen. Ende Juni findet in Wien das **Donauinselfest** mit großen Gratis-Open-Air-Konzerten und vielen anderen Events statt (www.donauinselfest.at).

Juni/Juli Der **Innsbrucker Tanzsommer** ist Schauplatz der bekanntesten Tanzformationen der Welt (Tel. 05 12/57 76 77, www.tanzsommer.at).

Juli/August Beim **Carinthischen Sommer** erklingen in Villach und rund um den Ossiacher See klassische Konzerte und Kirchenopern › S. 101. Weltberühmt sind die 1920 ins Leben gerufenen **Festspiele in Salzburg** – im Festspielhaus gibt man Klassiker und Modernes Theater, Höhepunkt ist die Aufführung des »Jedermann« (Kartenbüro Tel. 06 62/8 04 55 00, www.salzburgfestival.at). Alte Musik ertönt während der **Ambraser Schlosskonzerte** (Juli) und der **Festwochen in Innsbruck** (Mitte bis Ende August). Auch neue Musik hat ihre Freunde: Dem Alternative-Rock frönt man beim **Forestglade-Festival** im Juli. In Bad Ischl sorgen im Juli und August die **Operetten** von Johann Strauß und Franz Lehár für fröhliche Laune. Auch

Alljährlich ein Festival der Superlative: die Salzburger Festspiele

die **Seefestspiele** bieten besondere Erlebnisse: Es gibt sie in Mörbisch am Neusiedlersee (Operetten; Tel. 0 26 82/66 21 00, www.seefestspiele-moerbisch.at), am Wörthersee (Klassik und Modernes) und in Bregenz am Bodensee (Opern, Operetten, Musicals; Tel. 0 55 74/40 76, www.bregenzerfestspiele.at). Im Juli lauscht man in **Wiesen** im Burgenland jazzigen Klängen, im August lockt das Reggae-Sunsplash (Tel. 0 26 26/83 50 30, www.wiesen.at). Jazzinterpreten internationalen Ranges treffen sich im August zum **Jazzfestival Saalfelden** (Tel. 0 65 82/7 06 60, www.jazzsaalfelden.at).

September/Oktober Bruckner, Haydn und Brahms erklingen von Mitte September bis Anfang Oktober beim **Brucknerfest in Linz.** Im September treffen sich hier Liebhaber der Elektronischen Musik bei der **Ars Electronica** (Tel. 07 32/7 27 20, www.aec.at). Ein Fest für Ohren und Augen sind die **Linzer Klangwolken** Anfang September im Donaupark. Beim **Steirischen Herbst** (Mitte September bis Mitte Oktober) werden über 200 Konzerte, Lesungen und Ausstellungen mit Schwerpunkt zeitgenössischer Kunst in Graz angeboten. Die **Viennale,** das größte Filmfestival Österreichs, findet in der zweiten Oktoberhälfte in Wien statt.

Dezember Romantiker zieht es zum **Christkindlmarkt** von Steyr. Besonders schön sind auch die Adventsmärkte von Salzburg und Klagenfurt. Am 5. und 6. Dezember zieht der heilige Nikolaus in Begleitung von Krampus oder den Perchten durch die Straßen – der eindrucksvollste **Perchtenumzug** Kärntens findet in Villach statt.

Essen und Trinken

In Jahrhunderten von Völkerwanderung und Vielvölkermonarchie haben die unterschiedlichsten Kulturen ihre kulinarischen Spuren hinterlassen. Diese Einflüsse kamen aus ganz Europa: von Spanien bis Polen, von der Türkei bis Brabant (Belgien).

In Vorarlberg ist eine deftige, bäuerliche Küche zu Hause, wie man sie auch in Schwaben oder im Allgäu kennt: *Käsknöpfle* oder *Kässpatzen* werden aus Nudelteig gemacht, der nach dem Kochen mit Käse vermengt wird. Auch die traditionellen Gerichte in Tirol waren ursprünglich nahrhafte und preiswerte Mahlzeiten für schwer arbeitende Bergbauern, wie *Tiroler Gröschtl*, ein Pfannengericht aus Kartoffeln, Zwiebeln, Rindfleisch und Speck. Auch in Kärnten wird deftig gekocht: *Frigga* besteht aus Speck, Käse und Polenta und dokumentiert den Einfluss des Friaul. Im Salzburger Land sollte man *Schöpsernes*, einen Auflauf mit Hammelfleisch, Kraut und Kartoffeln und Zwiebeln, probieren.

In Oberösterreich könnten Fischliebhaber nach dem Waldviertler *Krautstrudel* einen Donauwaller auf Gemüse folgen lassen. Wen es nach Fleisch gelüstet, der kostet das Innviertler Kronfleisch, Zwerchfellfleisch vom Rind. Dazu darf frisch geriebener *Kren* (Meerrettich) nicht fehlen. In Niederösterreich ist der *Tafelspitz* zu Hause. Das gekochte Rindfleisch erhält seinen feinen Geschmack durch die Zutaten im Sud: Suppengemüse, Nelken, Lorbeerblätter und Wacholderbeeren.

Echt gut!

Die besten Restaurants

- Einer der Starköche Tirols schwingt den Kochlöffel im **Trofana** in Ischgl im Paznaunertal. › S. 63
- Das **Grander-Restaurant** in Wattens ist ein Gourmetlokal vor den Toren von Innsbruck. › S. 52
- Nicht nur Wellness, sondern auch ausgezeichnete Küche bietet die **Villa Schratt** in der königlichen Sommerfrische Bad Ischl. › S. 80
- Ein neuer Stern am kulinarischen Himmel ist die feine leichte Küche des Restaurants **m.kunst.genuss** in der Kunsthalle von Krems. › S. 157
- Kulturgenuss und Haubenküche mit besten regionalen Weinen findet man in **Tom's Restaurant** im Hotel Stadt Melk. › S. 157
- Seit Jahren lobt die Fachwelt die einfallsreiche Küche des **Iohan** im Landhaus von Graz. › S. 118
- Die Adresse im südsteirischen Weinland für steirische Schmankerl und hervorragende regionale Weine ist der **Staribacher** in Leibnitz/Kaindorf. › S. 123
- Liebhaber mediterraner Küche zählen das **Dolce Vita** in Klagenfurt zu den besten Italienern des Landes. › S. 94

Im Burgenland dominieren ungarische Einflüsse: Hier heißt der Zander wie bei den Nachbarn *Fogosch* und wird mit Knoblauch zubereitet. In der Steiermark ist der steirische Salat mit Kürbiskernöl und Pökelzungenwürfeln das beliebteste Entree.

In Österreich nennt man Süßspeisen Mehlspeis'. Berühmt sind die *Salzburger Nockerln*, ein leichtes Gebäck aus Eischneemasse. Der *Kaiserschmarrn* ist deshalb kaiserlich, weil der gezupfte Pfannkuchenteig für Kaiser Franz Joseph I. auch mit Rosinen verfeinert wurde – sagt die Legende. Beliebt sind mit *Powidel* (Zwetschgenmus) gefüllte *Germknödel*, entweder in Vanillesoße oder in ausgelassener Butter mit Mohn.

In vino veritas

Prädikatsweine sind Spätlesen, Ausbruch, Eisweine oder Trockenbeerenauslesen. In den vier Weinbauregionen Weinland Österreich (Niederösterreich und Burgenland), Steirerland (Steiermark), Wien und Bergland Österreich mit ihren insgesamt 19 Weinbaugebieten sollte man sich auf die jeweiligen Spezialitäten konzentrieren. In der Wachau und im Kamptal dominiert der Grüne Veltliner, ein leichter, spritziger Weißwein. Im Donauland ist der St. Laurent zu Hause, ein gehaltvoller kräftiger Rotwein. Die Thermenregion steht für den weißen Gumpoldskirchner, der zum billigen Supermarktprodukt verkam, aber nun wieder gepflegt wird. Das Burgenland ist bekannt für seinen Blaufränkischen, einen herbwürzigen Roten. Ein Kuriosum hat das Südburgenland zu bieten: den Uhudler, einen gehaltvollen Wein aus widerstandsfähigen Urreben, die in acht Gemeinden rund um Heiligenbrunn angebaut werden.

Im Steirerland dreht sich alles um den in hellen Rosétönen changierenden, ausgesprochen trockenen Schilcher (Blauer Wildbacher).

Für den großen Durst wird der Wein gemischt: Ein Spritzer wird mit Soda aufgegossen, eine Mischung bedeutet Wein mit Mineralwasser, und der Spezi bezeichnet im Burgenland einen Mix aus Wein und Almdudler.

Echt gut!

Die besten Vinotheken und Weingüter

- Im **Loisium** in Langenlois kredenzt man die besten Weine aus Österreichs größtem Weinbaugebiet. › S. 158
- Weine der steirischen Weinstraßen verkostet man in **St. Anna am Aigen** an der Klöcher Weinstraße. › S. 121
- Der Weinkeller im **Stift Klosterneuburg** ist eine Institution in Österreich. › S. 151
- Kultur, ein exzellentes Restaurant und exquisite Weine gibt es im Kremser **Kloster Und.** › S. 156
- Burgenländische Weine genießt man in **Sailer's Vinothek** in Frauenkirchen. › S. 132
- Spitzenweine produziert **Erwin Tinhof** auf seinem Weingut bei Eisenstadt. › S. 134

Unterwegs in Österreich

Entdecken Sie die einzelnen Reiseregionen – jeweils mit den schönsten Touren, allem Sehens- und Erlebenswerten, Hotel-, Restaurant-, Nightlife- und Shoppingtipps

Tirol und Vorarlberg

Nicht verpassen!

- Das fantastische Alpenpanorama bei der Fahrt mit der neuen Nordkettenbahn und der Hungerburgbahn auf das Hafelekar
- Wandern im Rotmoostal, einem Seitental des Ötztals, und dabei Murmeltiere beobachten
- Zum krönenden Abschluss einer Wanderung in den Lechtaler Alpen ein Abendessen in einem der Gourmettempel von Lech
- Funkelnde Lichter in der Swarovski-Kristallwelt von Wattens

Karte Seite 44

Zur Orientierung

Gleich einer Lebensader durchzieht das **Inntal** von West nach Ost **Tirol.** Nördlich und südlich rahmen hohe Gebirgszüge tief eingeschnittene Täler, die sich im Oberlauf der Flüsse oft zu Hochtälern von großer landschaftlicher Schönheit ausweiten. Die Hauptstadt **Innsbruck** wird auf dem Weg über die Alpen nach Italien oft übersehen. Ein Fehler – denn glanzvoll ist die Altstadt mit den wundervoll gestalteten Hausfassaden und dem prunkvollen Schloss.

Adlerweg nennt sich das Netz aus Wanderrouten, das die schönsten Wanderregionen Tirols erschließt. Dazu zählen Touren in den Seitentälern des Inntals: Landschaftlich besonders bezaubernd sind das **Tannheimer Tal**, das **Lechtal** mit seinen ursprünglichen kleinen Orten, die Seitentäler der **Stubaier Alpen,** das **Ötztal** und das **Zillertal.** Möchte man Tirol mit dem Fahrrad erkunden, bieten sich die Regionen um den Achensee, zwischen Lermoos und Reutte, sowie das Zillertal und das Lechtal mit ihren gut ausgebauten, nicht zu steilen Wegen an.

Lange Zeit isolierten hohe Gebirgspässe **Vorarlberg** vom Rest Österreichs. Bis heute wird gespöttelt über das »Ländle« und seine »Gsieberger« (»i bin gsie« für »ich bin gewesen«). Dabei sind die Vorarlberger alles andere als altmodisch, sie verquicken vielmehr ganz vortrefflich Tradition, Landwirtschaft und altes Handwerk mit umweltgerechtem Tourismus und moderner Industrie, die sich jedoch nur in der Rheinebene findet. Landschaftlich besonders reizvoll sind das **Montafon,** eine Gebirgsregion im Süden, und die für ihren Wintersport berühmte hochalpine Region um **Lech** und **Zürs am Arlberg** an der Grenze zu Tirol.

Reizvoll ist die Altstadt von Innsbruck

Touren in der Region

Rund um die Lechtaler Alpen

5 Imst › Lermoos › Reutte › Holzgau im Lechtal › Lech

Länge: 125 km
Dauer: 5 Tage
Praktische Hinweise: Die Summer Card gibt's bei Übernachtungen in Tirol, viele Attraktionen und Aktivitäten sind damit kostenlos oder stark vergünstigt. Kinder bekommen die Bibi Card (www.tiroler-oberland.com).

Die Mehrtagestour führt vom Inntal durch das Wetterstein in das Lechtal. Steil windet sich die

Straße von **Imst** › S. 62 ins landschaftlich markante Wettersteinmassiv. Immer wieder blinken die Fernsteinseen wie blaugrüne Juwelen im dunklen Nadelwald und laden zu einem kurzen Stopp ein. Einem weiten Kessel gleicht das Tal bei **Lermoos** › S. 59, umrahmt von Zugspitze, Daniel, Grubigstein und Sonnenspitze. Nach einer Nacht in Lermoos lockt der malerische ***Plansee** › S. 60, dessen kristallklare Wasser man bei einer Schifffahrt genießt – ideales Revier vor traumhafter Alpenkulisse für Windsurfer. Lüftlmalereien zieren die Bürgerhäuser in **Reutte** › S. 60, dem nächsten Übernachtungsort. Gönnen Sie sich unbedingt einen Abstecher – am besten mit Übernachtung – ins ***Tannheimer Tal** › S. 61, eine herrliche Wanderregion. Das ****Lechtal** › S. 61 gilt als eines der schönsten Hochgebirgstäler Europas: Sattgrüne Wiesen und schroffe Gipfel verlocken zur Bergtour. Über den Hochtannbergpass gelangt man in die Wintersportorte **Lech** und **Zürs** › S. 66, die sich im Sommer in Wanderparadiese verwandeln. Für den Abend und die Nacht hat man die Qual der Wahl unter preisgekrönten Hotels und Gourmetlokalen.

5 **Rund um die Lechtaler Alpen** **Imst › Lermoos › Reutte › Holzgau im Lechtal › Lech**

Karte Seite 44

Über die Silvretta ins Inntal

6 Feldkirch › Schruns › Ischgl › Innsbruck

Länge: 118 km
Dauer: mindestens 4 Tage
Praktische Hinweise: Silvretta Hochalpenstraße: Wintersperre von November–Mai. Betriebszeiten der Versettla-Bahn tgl. 8.30–16.30 Uhr, www.silvrettanova.at.

Diese Tour beginnt mit einem Bummel durch die Altstadt von ***Feldkirch** › S. 64 in der Rheinebene. Frühstart am nächsten Morgen zu Wanderungen im ***Brandnertal,** 8 km südlich von Bludenz! Nachmittags geht es über Bludenz nach **Schruns im **Montafon** › S. 65, Quartier für die nächsten Tage. Schnell hinauf ins Wander- und Wintersportgebiet Silvretta Nova auf 2000 m Höhe bringt Sie die **Versettla-Gondelbahn** von **Gaschurn.** Hier locken viele Wanderwege und Mountainbike-Routen. Die ***Silvretta Hochalpenstraße** (Mai bis Okt. geöffnet) verbindet das Montafon über die **Bielerhöhe** mit Nordtirol. Immer wieder eröffnen sich grandiose Blicke auf die Berggipfel. Von der Bielerhö-

6 Über die Silvretta Hochalpenstraße ins Inntal Feldkirch › Schruns › Ischgl › Innsbruck

he führt der Weg ins tirolerische **Paznauntal** › S. 62 bis **Ischgl** › S. 63, wo man übernachtet. Am nächsten Morgen geht es über Landeck am Inn nach **Imst** › S. 62, dessen Altstadt einen Besuch lohnt. Nun sind es nur noch wenige Kilometer bis **Innsbruck.** Wer noch einen Tag Zeit hat, unternimmt einen Abstecher in die Ski- und Wanderregion **Fiss-Serfaus-Ladis** › S. 62.

Wichtige Adressen

- **Tirol Info**
Maria-Theresien-Straße 55, 6010 Innsbruck, Tel. 05 12/7 27 20, www.tirol.at
- **Montafon Tourismus**
Silbertaler Str. 1, 6780 Schruns, Tel. 0 55 56/72 25 30, www.montafon.at

Unterwegs in Tirol

1 **Innsbruck 1

Die »Hauptstadt der Alpen« liegt im Inntal, umrahmt vom Karwendel, Stubaier und Tuxer Alpen. Fast schon großstädtisch, dennoch gemütlich geht es in der schönen **Altstadt** zu. Ausgesprochen prunkvoll sind die Hofburg, die Hofkirche und der Dom. Von Reichtum zeugen auch die Fassaden der Bürgerhäuser rund um das Goldene Dachl. Innsbruck war Zentrum des Habsburgerreichs unter Maximilian I., die Gründung der Universität erfolgte 1669 und im Jahr 1809 schlug Andreas Hofer am Bergisel die bayerischen Besatzer in die Flucht. Die Stadt mit etwa 120 000 Einwohnern blickt auf eine reiche Geschichte zurück, aber lockt auch mit einem breiten Sport- und Kulturangebot. Ein Muss ist die Fahrt mit einer Bergbahn auf die Innsbrucker Hausberge.

Vom **Goldenen Dachl zum Stadtturm

Der 1420 errichtete Neuhof der Landesfürsten von Tirol erhielt knapp 80 Jahre später seinen berühmten Vorbau: Maximilian I. ließ den prächtigen Erker mit 2657 feuervergoldeten Kupferplatten verkleiden und schuf das Wahrzeichen Innsbrucks – das **Goldene Dachl** Ⓐ. Das gleichnamige Museum widmet sich dem Kaiser. (Mai–Sept. tgl. 10 bis 17 Uhr, Okt.–April Di–So 10 bis 17 Uhr, Nov. geschl.)

Schräg gegenüber prunkt das mit einer üppigen Rokoko-Fassade verzierte ***Helblinghaus,** auf der anderen Seite der Straße ragt der 57 m hohe **Stadtturm** Ⓑ aus dem 15. Jh. auf. Von der Türmerwohnung bietet sich bei schönem Wetter ein einmaliger Blick über Stadt und Berge (Okt.–Mai tgl. 10–17 Uhr, Juni–Sept. tgl. 10 bis 20 Uhr).

Karte Seite 49

*Dom und Hofburg

Eine erste Jakobskirche wurde 1181 erwähnt; seit Mitte des 17. Jhs. machte das Gnadenbild Mariahilf von Lucas Cranach d.Ä. das Gotteshaus zum Ziel einer Marienwallfahrt. Der heutige barocke ***St. Jakob-Dom** C entstand zwischen 1717–1722, berühmt sind die Deckengemälde der Gebrüder Asam und die über 6000 kg schwere, 1846 gegossene Mariahilfglocke. Das Innsbrucker Friedensglockenspiel aus 48 Glocken erklingt täglich um 12.10 Uhr.

Zwischen Domplatz und Rennweg erhebt sich die im Stil des Spätrokoko umgebaute **Hofburg** D, die einige ältere Bauteile einschließt, so die unter Kaiserin Maria Theresia neu gestalteten Kaiserappartements mit dem sog. Riesensaal und die Hofburgkapelle. (Tgl. 9–17 Uhr, Einlass bis 16.30 Uhr; Führungen tgl. 11, 14 Uhr; ab 2009 Schließung von Inneren Appartements und Ministerzimmer)

Die **Hofkirche E

Stolz sind die Innsbrucker auf ihre Hofkirche. Schließlich arbeiteten hier die bedeutendsten Künstler der Zeit wie der flämische Maler Alexander Colin. Das Grabmal des Kaisers gilt als das eindrucksvollste Kaisergrab Europas, seine Bronzefiguren – z.T. nach Entwürfen von Albrecht Dürer gegossen – brachten der Kirche im Volksmund den Beinamen »Schwarz-Mander-Kirche« ein (Mo–Sa 9–18 Uhr, So 12.30 bis 18 Uhr, kostenlose Familienführungen von April–Okt.). Weltberühmt ist auch die große **Renaissance-Orgel von Jörg Ebert,** die jeden Sonntagabend während der Messe um 19 Uhr erklingt. Die angrenzende von Erzherzog Ferdinand 1578 gestiftete ***Silberne Kapelle** ist ebenso einen Besuch wert (Wiedereröffnung voraussichtl. Mai 2009).

Echt gut!

Das Goldene Dachl

*Tiroler Volkskunstmuseum F

Zu den Tiroler Landesmuseen gehört das Volkskunstmuseum am Rennweg, das Handwerk und Kunsthandwerk Tirols zeigt. Zu den ausgestellten Stücken zählen Trachten, Masken und ganze Bauernstuben. (Voraussichtl. ab 19. Mai 2009 tgl. 9–18 Uhr)

Außenstelle des Kunsthistorischen Museums in Wien: Schloss Ambras

Von Zechprellerei und ihren Folgen

Der Kaiser war zutiefst empört. Zwar hatte er in den Innsbrucker Gasthäusern nie für seinen Hofstaat bezahlt, aber gab das den Wirten das Recht, seinem vielköpfigen Tross den Einzug in die Stadt zu verwehren? Keinesfalls wollte er in Innsbruck bestattet werden – testamentarisch verfügte er den Transfer seiner prächtigen Grablege nach Wien in die Georgskapelle! Schließlich hatte er selbst an der Konzeption dieses Grab-Kunstwerks mitgewirkt. 50 Jahre arbeiteten Bronzegießer, Bildhauer und Maler an dem Riesenprojekt, unter ihnen Veit Stoß, Albrecht Dürer und Hans Leinberger. Letztendlich blieb das Denkmal in Tirol – und des Kaisers Leichnam in Wien.

*Ferdinandeum G

Nahebei bietet das Ferdinandeum eine vor- und frühgeschichtliche Sammlung, Gemälde und rundplastische Arbeiten vom 12. bis 20. Jh. Es warten Werke von Michelangelo, Lucas Cranach oder von zeitgenössischen Künstlern. (Museumsgasse 15, Di–So 9 bis 18 Uhr, Fr um 17 Uhr kurze **»After-Work«-Führungen,** www.tiroler-landesmuseum.at)

! Sammeltickets für alle Landesmuseen (Hofkirche, Ferdinandeum, Volkskunstmuseum, Zeughaus) 8 €, Kinder, Studenten und Senioren 4 €.

*Maria-Theresien-Straße H

Der Burggraben südlich der Hofkirche markiert den ehemaligen Verlauf der Stadtmauer. Außer-

Karte Seite 49

halb des mittelalterlichen Stadtkerns prunkt die **Maria-Theresien-Straße** mit Barockfassaden. In ihrer Mitte erhebt sich die **Annasäule** – aufgestellt zur Erinnerung an den Abzug der verhassten bayerischen Besatzer. Den Abschluss der Straße bildet eine **Triumphpforte** zu Ehren der Hochzeit Leopolds von Habsburg mit der spanischen Infantin Maria Ludovica im Jahre 1765. Der Vater des Bräutigams, Kaiser Franz I., verstarb während der Feier, weshalb die Pforte zwei Gesichter zeigt: Eine Seite symbolisiert den Neubeginn, die andere die Trauer.

Von Wilten nach **Schloss Ambras

Im Vorort Wilten lohnt die ***Pfarrkirche** einen Besuch: Der harmonische Barockbau überrascht mit einer von 1470 stammenden Statue des Riesen Haymon und einem spätgotischen Kruzifix, auf den Emporen findet sich eine schöne Ikonensammlung. Im Laden des Stifts gibt es Schokolade, Schnaps und Bier eigener Herstellung. (Klosterladen Mo–Fr 8–12, 14–18 Uhr, Sa 8 bis 12 Uhr; Kirchenbesuch anmelden: D. Nikolaus, nikolaus@stift-wilten.at, Tel. 05 12/58 30 48)

Ⓐ Goldenes Dachl
Ⓑ Stadtturm
Ⓒ St. Jakob-Dom
Ⓓ Hofburg
Ⓔ Hofkirche
Ⓕ Tiroler Volkskunstmuseum
Ⓖ Ferdinandeum
Ⓗ Maria-Theresien-Straße

Ein 40-minütiger Spazierweg führt zum **Schloss Ambras,** das Erzherzog Ferdinand II. im 16. Jh. für seine bürgerliche Frau, die schöne Philippine Welser, umbauen ließ. Es beherbergt eine beeindruckende Waffensammlung und eine hochkarätige Porträtgalerie. Darunter finden sich Werke von Tizian, Velásquez und van Dyck. Ein gotischer Altarflügel ist das neueste Highlight der Sammlung sakraler Kunst. (Schlossstraße 20, tgl. 10–17 Uhr, im August bis 19 Uhr, Nov. und 25.12. geschl.; Porträtgalerie und Gotiksammlung im Winter geschl.)

Der *Alpenzoo

Am nördlichen Innufer wartet der höchstgelegene Zoo Europas auf Besuch: Über 2000 Tierarten aus dem Alpenraum vom Murmeltier bis zum Braunbär sind zu bewundern. Stolz ist man auf den neuen Schaubauernhof und das Kaltwasseraquarium. Der Zoobesuch lässt sich mit einer Fahrt in der neuen Hungerburgbahn der Architektin Zaha Hadid verbinden. (Kombi-Tickets inkl. Parken in der Congress-Garage; April bis Okt. tgl. 9–18 Uhr, Nov.–März 9 bis 17 Uhr, www.alpenzoo.at)

!! Die **Innsbruck Card** für 24 oder 48 Stunden bietet zahlreiche Vergünstigungen. Inklusive ist die Benutzung der Buslinie Sightseer, die alle wichtigen Sehenswürdigkeiten miteinander verbindet, und die Fahrt mit der Bergbahn.

Panorama-Bahnfahrten ab Innsbruck

Die ***Stubaitalbahn** fährt bis hinauf nach Fulpmes › S. 58. Unterwegs bieten sich herrliche Ausblicke auf die Bergwelt, das Wipptal oder die Sillschlucht. Dramatisch spannen sich zwei Viadukte über Mühl- und Klausbachgraben. Kurz vor der Endstation kommen die Stubaier Alpen in Sicht.

Mit der **Sechser** erreicht man von Bergisel die Vororte Schönruh, Lans, Sistrans und Igls. Von der Haltestelle Tummelplatz führt ein kurzer Weg zum Schloss Ambras, bei der Station Lanser See liegt ein Moorsee, der im Sommer zum Baden, im Winter zum Schlittschuhlaufen lockt. In Igls Anschluss an die **Patscherkofelbahn,** die auf 1951 m hoch fährt (www.patscherkofelbahnen.at).

18 Tunnel, zahlreiche Viadukte und rund 600 Höhenmeter machen die Fahrt mit der **Mittenwaldbahn** zum spektakulären Bahnerlebnis zwischen Karwendel- und Wettersteingebirge. Hochzirl, Seefeld oder Scharnitz sind Ausgangspunkte für herrliche Bergwanderungen (Bahnauskunft Innsbruck, Tel. 05 17 17).

Echt gut!

***Hungerburg- und *Nordkettenbahn** bringen Gäste über die Stationen Hungerburg und Seegrube (1905 m) in 20 Minuten bis zur **Bergstation Hafelekar** auf 2269 m. Berg und Restaurant bieten einen **spektakulären Blick auf Innsbruck,** das Inntal und die umliegenden Berge.

Karte Seite 49

Meister Petz im Innsbrucker Alpenzoo

Info

Tourismusverband Innsbruck/Igls
Burggraben 3][6010 Innsbruck
Tel. 05 12/5 98 50
www.innsbruck.info

Hotels

■ **Weißes Kreuz**
Herzog-Friedrich-Str. 31
6010 Innsbruck][Tel. 05 12/59 47 90
www.weisseskreuz.at
Traditionshaus ganz in der Nähe des Goldenen Dachl. Kleine Zimmer, zum Teil mit Etagendusche – aber dafür hat schon Mozart hier logiert. ●●

■ **Bon Alpina**
Hilberstr. 8][6080 Igls
Tel. 05 12/37 72 19
www.innsbruck-hotels.at
Drei Häuser gruppieren sich um das neue Hallen- und Freibad im Zentrum des kleinen Fremdenverkehrsorts Igls. Familiäre Atmosphäre, nur 5 Minuten zur Bergbahn und 5 km bis Innsbruck. ●●

Restaurants

■ **Jabinger**
Pradler Str. 8][6010 Innsbruck
Tel. 05 12/34 16 34][Di geschl.
Kreative Gerichte aus den besten Zutaten und die exzellente Weinkarte brachten zwei Gault-Millaut-Hauben. ●●●

■ **Café-Restaurant Kunstpause**
Museumsstr. 15][6010 Innsbruck
Tel. 05 12/58 84 06
Ars vivendi im historischen Gebäude des Tiroler Landesmuseums Ferdinandeum. ●●

Nightlife

■ Im **Treibhaus** gibt's Konzerte von Jazz bis Pop (**Angerzellgasse 8, Tel. 05 12/57 20 00, www.treibhaus.at, tgl. 10–1 Uhr**).

■ Die **Cantina Kahlo's** huldigt mit Nachos, Tapas, mexikanischer Musik und Gemälden von Frida Kahlo Mexiko (**Bozener Platz 8, www.kahlos.com, tgl. 11–2 Uhr**).

Shopping

Auf der Suche nach Mitbringseln bummeln Sie einfach durch die Laubengänge der Altstadt: Im **Swarovski-Haus** gibt's glitzerndes Kristall in allen Formen (**Herzog-Friedrich-Straße 39**). Handgefertigten Schmuck aus edlen Metallen, Holz oder Kunststoffen findet man bei **Schipflinger** (**Schlossergasse 3, Tel. 05 12/58 22 20**).

Inntal, Achensee und Zillertal

*Hall 2

Schon im 13. Jh. begann man die Salzstöcke des Halltals auszubeuten, die Stadt kam so schnell zu Reichtum. 1477 verlegte Erzherzog Sigmund die Münzprägestätte von Meran hierher – im **Münzmuseum** in der Burg Hasegg kann man heute noch selber Münzen schlagen (April–Okt. tgl. 10 bis 12 Uhr, 14–17 Uhr, Nov.–März Mo–Do 9–12 Uhr, 14–17 Uhr, Fr 10–12 Uhr).

Nehmen Sie sich Zeit für einen Spaziergang durch den Ort. Kreuz und quer ziehen sich die kleinen Gassen, zeigen Treppen- und Zickzackgiebel, Erker, Söller und prächtige Portale. Sehenswert ist die ***Pfarrkirche St. Nikolaus** (14./15. Jh.), deren Waldaufkapelle kostbar ausgestattet ist.

Swarovski Kristallwelten

Wie in einem Kindertraum fühlt man sich bei einem Rundgang durch die funkelnde Welt aus Glas – hier liegt sie, die Schatzhöhle voller Edelsteine aus dem Märchenland! Unglaublich, welche Kreationen man aus geschliffenem Glas und Licht erschaffen kann! Zum 100-jährigen Jubiläum der Firma Swarovski gestaltete André Heller 1995 eine Erlebniswelt rund um die Kunst des facettenreichen Glasschliffs (http://kristallwelten.swarovski.com) in Wattens beim Hauptsitz der Firma. Natürlich kann man hier nicht nur staunen, sondern auch einkaufen – und einen Teil des Schatzes mit nach Hause tragen.

Swarovski Kristallwelten
Kristallweltenstraße 1
6112 Wattens][Tel. 0 52 24/5 10 80

Hotel

Schlosshotel Goldener Engl
Unterer Stadtplatz 5][6060 Hall
Tel. 0 52 23/54 62 10
www.goldener-engl.at
Romantik in 700 Jahre alten, denkmalgeschützten Gemäuern. Beliebtes Restaurant mit Tiroler Spezialitäten. Restaurant: tgl. 11–14 Uhr und 18–22 Uhr warme Küche; Augustinerkeller: tgl. 10–1 Uhr. Hotel ●●, Restaurant ●

Restaurant

Grander-Restaurant
Dr.-F.-Bunzl-Str. 6][6112 Wattens
Tel. 0 52 24/5 26 26
www.grander-restaurant.at
Im Grander begeistert die regionale und mediterrane Gourmetküche mit zwei Hauben vom Gault-Millau. Café/Bar Mo–Fr 9–24 Uhr, Sa 17 bis 24 Uhr, Restaurant Mo–Fr 11.30 bis 14 Uhr, 18–24 Uhr, Sa 17 bis 24 Uhr, So Ruhetag. ●●–●●●

Karte Seite 44

Schwaz 3

Schwaz erlebte seinen Boom ab 1400, als in der Region reiche Silbervorkommen entdeckt wurden. Die Habsburger verpachteten das Bergwerk an die Fugger, die bis zu 10 000 Knappen beschäftigten. Teile der Stollen des ehemaligen Silberbergwerks unter dem Kellerjoch sind zugänglich: Im ***Schaubergwerk** stellen lebensgroße Puppen die gefährliche Arbeit nach (Führungen Mai–Sept. tgl. 9–17 Uhr, Okt.–April 10 bis 16 Uhr, Dauer ca. 90 Min., Tel. 0 52 42/72 37 20, www.silberbergwerk.at).

Vom ehemaligen Reichtum der Stadt ist wegen der Zerstörungen im Zweiten Weltkrieg nur noch wenig zu erahnen. Lediglich das spätgotische **Fuggerhaus** und die gotische Stadtkirche ***Zu Unserer Lieben Frau** am Stadtplatz erinnern an die große Epoche.

Hotel

Bio-Aktiv-Hotel Grafenast
Pillbergstr. 205][6130 Schwaz
Tel. 0 52 42/6 32 09
www.bioferien.com
Naturküche, Wellness vom römischen Caldarium bis zur Bachblütentherapie. Baum-benannte Zimmer ohne TV und Minibar, dafür mit Weitsicht und biologischer Gourmetküche. ●●

Jenbach und der *Achensee

Über Jenbach thront ***Schloss Tratzberg** 4, das 1499 im Übergang von der Gotik zur Renaissance entstand. Ein Saal ist mit dem Stammbaum der Habsburger

Kampfszene auf Schloss Tratzberg

ausgemalt. (Mitte März–Okt. 10 bis 16, Juli/Aug. bis 17 Uhr, www.schloss-tratzberg.at.) Jenbach bildet das Tor zum Achensee nach Norden und zum Zillertal nach Süden.

Die **Achenseebahn** ist die älteste Zahnradbahn der Welt mit reinem Dampfbetrieb. Auf 7 km überbrückt sie 440 Höhenmeter und fährt in 45 Min. von Jenbach nach Seespitz, wo man eine Seerundfahrt anschließen kann. (Infos: ÖBB Bahnhof Jenbach, Tel. 0 52 44/6 22 43)

Der lang gestreckte **Achensee** liegt malerisch eingebettet zwischen Karwendel- und Rofangebirge. Karwendelbergbahn (Talstation in Pertisau, www.karwendelbergbahn.at) und Rofanseilbahn (Talstation in Maurach, www.rofanseilbahn.at) führen hoch hinauf. Neueste Attraktionen sind eine auf 2000 m gelegene Aussichtsplattform unterhalb des Gschöllkopf und für Wagemutige der Skyglider »Airrofan«, eine Art Großdrachenflieger-Seilbahn. Beide sind von der Bergstation der Rofanbahn zu erreichen. Rund um den Achensee kann man wandern, Ski fahren (alpin und Langlauf), Rodeln, Mountainbiken, Gleitschirmfliegen, Golfen, Segeln, Reiten oder Tauchen (www.achensee.info).

Hotels

■ **Post-Hotel Resort & Spa**
Nr. 382][6215 Achenkirch
Tel. 0 52 46/65 22
www.posthotel.at
Mehrfach ausgezeichnet für seine Wellnessangebote wurde das gediegene Haus. Hauseigener Golfplatz, Reithalle, 6500 m² großer Bade- und Thermalbereich – und dazu noch eine haubengekrönte Küche. ●●●

■ **Alpengasthof Gramai**
6213 Pertisau][Tel. 0 52 43/51 66
www.gramaialm.at
Auf 1260 m Höhe erwartet den Gast eine Mischung aus Gemütlichkeit und Komfort – die aber ihren Preis hat – in landschaftlich bezaubernder Lage am Ende des Falzthurntals im Naturpark Karwendel. Hotelbetrieb Mitte Mai bis Ende Oktober. ●●●

■ **Berggasthof Rofan**
Nr. 154a
6212 Maurach am Achensee
Tel. 0 52 43/50 58 oder
06 76/9 31 39 93 (Handy)
www.berggasthof-rofan.com

Der Achensee: Landschaftlich be-

Doppel- oder Mehrbettzimmer und Matratzenlager gibt es auf dem urigen Berggasthof, dazu Kletterkurse, Hüttenabende und viele Tipps für Wanderungen! Rechtzeitig reservieren (im Winter nur mit Halbpension). ●

Sport

Von Mai–Oktober bietet der Tourismusverband geführte Wanderungen an, die für Inhaber einer Gästecard kostenlos sind (sonst 27 €; Info unter www.achenseeinfo.at). Unbedingt am Vortag anmelden, Tel. 0 52 46/53 00.

**Zillertal 5

Südlich von Jenbach lockt das Tal bereits seit 150 Jahren Touristen an. Die **Fahrt mit der Zillertalbahn** zwischen Jenbach und Mayrhofen bildet einen nostalgischen Einstieg (Tel. 05 44/60 60, www.zillertalbahn.at). Im **Zillertal** empfiehlt sich als Standort der

Karte Seite 44

eindruckendes Revier für Bergsportler

Touristenort **Mayrhofen** mit großem Übernachtungsangebot und regem Nightlife. Ruhig wohnt man dagegen in **Zell am Ziller.** Über die kurvenreiche ***Zillertaler Höhenstraße** oberhalb des Ortes geht es bis auf 2000 Meter Höhe mit herrlichen Ausblicken auf Zillertaler und Kitzbüheler Alpen (Mautstelle bei Zellberg).

Info

Zillertal Tourismus
Bundesstr. 27 d][6262 Schlitters
Tel. 0 52 88/8 71 87
www.zillertal.at

Hotels

■ **Hotel Gasthof Bräu**
Dorfplatz 1][Zell am Ziller
Tel. 0 52 82/23 13
www.hotel-braeu.com
Gemütlich eingerichtete Zimmer, Sauna, Dampfbad, Solarium. Die eigene Almwirtschaft und der Fischteich beliefern die Küche, die schmackhafte Tiroler Gerichte zubereitet. ●●

■ **Sporthotel Strass**
Hauptstr. 470][6290 Mayrhofen
Tel. 0 52 85/67 05
www.hotelstrass.com
Luxuriöses Hotel im Landhausstil, mit großem Wellnessbereich, Bar und Disco. Für Kinder gibt es einen extra Spielbereich im Haus, einen großen Spielplatz und ein eigenes Badebecken. Sommer ●●, Winter ●●●

Restaurant

Landhaus Carla
Schwendaustr. 197][6290 Mayrhofen
Tel. 0 52 85/6 27 91
www.landhaus-carla.at
Liebevoll eingerichtete kleine Zimmer, Mehrbettzimmer und Ferienwohnungen für Familien mit guter 3-Sterne-Ausstattung, Auszeichnungen erhielt die hervorragende Tiroler Küche.

Nightlife

Entlang der Hauptstraße Mayrhofens reihen sich Bars wie das Café Ciao (Mo–Sa) und Mo's Bistro (Di–Sa), heiße Rhythmen für Tanzwütige spielt man in der Disco Arena im Sporthotel Stras.

*Rattenberg 6

Der Ort am Inn hält Rekorde: Mit weniger als 500 Einwohnern und einer Fläche von nur 0,1 km² ist er Österreichs kleinste Stadt. Vom 13.–18. Jh. kam sie durch Silber- und Kupferbergbau und als Zollstelle zu Reichtum. Zu den Sehenswürdigkeiten zählen die spätgotische, barockisierte Kirche **St. Virgil,** das 1385 gestiftete Eremitenkloster **Augustineum** (Mai bis 2. So im Okt. 10–17 Uhr) und das ***Handwerkskunstmuseum** in den Nagelschmiedehäusern (Mai–Okt. tgl. 9–12 Uhr, 13 bis 18 Uhr, Nov.–Mitte Jan. 9.30 bis 12 Uhr, 13–18 Uhr). Aus dem 10. Jh. stammt die Burg, wo alljährlich im Sommer Theateraufführungen stattfinden.

Echt gut!

Ganz in der Nähe kann man Bieneanisch lernen, Steinmusik spielen und barfuß durch den Matsch laufen – das sind nur ein paar Dinge, mit denen das **Hexenwasser** auf dem Hochsöll nicht nur bei Kindern Begeisterung auslöst. Der Rundweg findet sich 29 km östlich von Rattenberg im Wilden Kaiser. Mit der Gondel geht es von Mitte Mai bis Mitte Okt. von Söll auf den Hochsöll zum Hexenwasser und auf die Hohe Salve (Tel. 0 53 33/52 60, www.hexenwasser.at).

Shopping

- In der Glasbläserei Kisslinger kann man den Handwerkern bei der Arbeit zusehen **(Südtirolerstr. 21, 6240 Rattenberg, www.kisslinger-kristall.com, Mo–Fr 8.30–12 Uhr, 13–17 Uhr. Verkauf: Mai–Okt. Mo–Sa 8–18 Uhr, So 9–17 Uhr, Nov.–April je ab 8.30 Uhr, So 10–16 Uhr).**
- Pfiffige Trachtenkleidung aus Walk-Filz gibt es im Giesswein Walkwaren Outlet und Trendstore **(Niederfelderweg 5–7, 6230 Brixlegg bei Rattenberg, www.giesswein.com, Mo–Fr 9.30–18 Uhr, Sa 9–13 Uhr).**

*Kufstein 7

Als »Perle Tirols« besungen, als »Schlüssel zu Tyrol« von Kaiser Maximilian I. den Bayern entrissen, beeindruckt Kufstein (17 000 Einw.) mit der trutzigen Burg unterhalb des mächtigen Kaisergebirges. Schon 1205 wurde erstmals die ***Festung** erwähnt, 1339 erhielt der Ort Stadtrecht. Im ehemaligen Gefängnisturm dokumentiert das **Heimatmuseum** die Geschichte der Stadt (Sommer tgl. 9–17 Uhr, Winter tgl. 10 bis 16 Uhr). Über die Panoramabahn erreicht man die Oberburg mit den Festungstürmen, der Kapelle und der Gastwirtschaft. Etwas tiefer liegt die Annabatterie mit dem Kräutergarten und die untere **Josefsburg.** Ihr Hof ist heute Schauplatz von Konzerten und anderen Events. Nach der Renovierung werden ab 2009 wieder mittags die 4307 Pfeifen der berühmten **Heldenorgel** im Bürgerturm erklingen.

Karte Seite 44

In der gut erhaltenen ***Altstadt** stehen die spätgotische, mehrfach umgestaltete **Pfarrkirche St. Vitus,** die Wirtschaft Auracher Löchl, in der das Kufsteinlied entstand, und das **Rathaus** mit den Wappen der Tiroler Städte.

Hotel

Auracher Löchl
Römerhofgasse 2–5][6330 Kufstein
Tel. 0 53 72/6 21 38
www.auracher-loechl.at
Historisches Haus, dem eine nette Weinstube angeschlossen ist. ●●

Restaurant

Bräustüberl
Oberer Stadtplatz 5 a
6330 Kufstein][Tel. 0 53 72/6 10 90
Sehr gemütliches Tiroler Wirtshaus mit bodenständiger Küche. ●

Shopping

Beim Fabrikverkauf von **Riedel Glas** ist die zweite Wahl des kunstvoll geschliffenen oder kristallklaren Glases deutlich billiger (**Weissacher Str. 31, Tel. 0 53 72/6 48 96, www.riedel.com, Mo–Fr 9–17.30 Uhr, Sa 9–17 Uhr**).

**Kitzbühel 8

So mancher assoziiert Kitzbühel ausschließlich mit Geld und Prominenz, der spektakulären Weltcup-Skiabfahrt Streif, Après-Ski und Nightlife. Zugegeben, das Zentrum des Ortes ist sehr touristisch, aber etwas außerhalb, z.B. am romantischen Moorbad des Schwarzsees, ist es ruhig und angenehm. Die schöne Pfarrkirche **St. Andreas** aus dem 15. Jh. wurde später barock umgestaltet. Ihren Hochaltar schuf im 17. Jh. der Kitzbüheler Simon Benedikt Faistenberger. Am Südende der Altstadt steht das im Mittelalter entstandene **Jochberger Tor.** Schräg gegenüber ist im ehemaligen Getreidekasten das **Museum Kitzbühel** untergebracht.

Burg Kufstein

Hotels

■ **Hotel Kitzhof**
Schwarzseestr. 8–10
6370 Kitzbühel
Tel. 0 53 56/63 21 10
www.hotel-kitzhof.com
Eigene Skischule, Golfunterricht, gute Küche. ●●●

■ **Pension Johanna**
Hammerschmiedstr. 10
6370 Kitzbühel
Tel. 0 53 56/64 85 60
www.kitzbuehel-johanna.com
Nette, kleine und familiäre Pension. ●

Restaurant

Sonnbergstub'n
Oberaigenweg 103][6370 Kitzbühel
Tel. 0 53 56/6 46 52
www.sonnbergstuben.at

Gute Tiroler Küche in einem Bergbauernhof. ●●

Shopping

In der **Brennerei Erber** erfährt man Interessantes über die Obstlerherstellung **(Dorfstr. 57, 6364 Brixen im Thale, Tel. 0 53 34/8 07).**

Bilderbuchtäler

Stubaital 9

Der Zugang ins Herz der Stubaier Alpen erfolgt südlich von Innsbruck mit der Stubaitalbahn › S. 50 (Exkurs) bis ans Talende des Stubaitals nach Neustift: Sie wurde als eine der ersten Bahnen Österreichs 1904 elektrifiziert. In **Neustift** beginnt die Seilbahn zum Sommerskigebiet auf dem Stubaier Gletscher. In **Fulpmes** erinnert das Schmiedemuseum daran, dass im Ort einst mehr als 50 Schmieden betrieben wurden (im Sommer Mi 14–17 Uhr).

Traumwanderungen im Sellraintal

*Sellraintal 10

Fast parallel zum Inntal verläuft das landschaftlich ausgesprochen reizvolle Tal von Innsbruck bis Oetz. Kleine smaragdgrüne Seen, schroffe Felsen in den Gipfelregionen, von Flechtenbewuchs grünschimmerndes Gestein, Lärchenwälder und vermoorte Hänge sind nur einige der Besonderheiten der zu den Stubaier Alpen gehörenden Region.

*Ötztal 11

Das Tal südlich des Inns wurde im Oberlauf vom Südtiroler Vinschgau aus besiedelt: Diesen Weg benutzte auch der Ötzi, bevor er vor 4000 Jahren ums Leben kam. Auch in Österreich feiert ein **Ötzidorf** seine Entdeckung: In Umhausen wird der Alltag der Jungsteinzeit wiederbelebt (Mai bis Okt. tgl. 10–18 Uhr, Tel. 0 52 55/5 00 22, www.oetzi-dorf.at). **Sölden** und **Obergurgl** sind für ihr Gletscherskigebiet bekannt, das abgelegene Vent ist bei Wanderern sehr beliebt. Eine besonders schöne Tour führt vom Skisportzentrum Obergurgl ins noch nicht von Skiliften verbaute **Rotmoostal.** Von Obergurgl wandert man 400 Höhenmeter bergauf zur bewirtschafteten Schönwieshütte am Eingang zum Rotmoostal. Von hier führt ein nur leicht ansteigender Wanderweg über Almwiesen zum 600 Jahre alten Rotmoos. Mit Glück sieht man unterwegs an den Hängen einige der zahlreichen Murmeltiere (Wanderung Hin- und Rückweg insgesamt 5 Stunden).

Karte Seite 44

Sakrales Wahrzeichen des Ortes: das Seekirchlein in Seefeld

Info

Ötztal Tourismus
6450 Sölden][Tel. 0 57/2 00
www.oetztal.com

Seefeld und *Leutaschtal

Steil windet sich die Straße von Zirl im Inntal den Zirlerberg hinauf. **Seefeld** 12 am Westrand des Karwendelgebirges ist mit allem ausgestattet, was zu einem mondänen Wintersportort gehört: herrliche Langlaufloipen und zünftige Skipisten auf dem ***Seefelder Plateau,** Luxushotels und ein Kasino. Die gotische ****Pfarrkirche St. Oswald** besitzt eine Kanzel aus dem 16. Jh. und einen Renaissance-Taufstein. Wahrzeichen des Ortes ist das ****Seekirchlein** von 1628, ein markanter achteckiger Kuppelbau.

Die **Leutasch** mit der gleichnamigen Gemeinde ist ein Hochgebirgstal von 16 km Länge mit nur 30 m Höhenunterschied – daher bestens geeignet zum Radeln, Langlaufen und Wandern. Eine **schöne Mountainbike-Strecke ohne große Steigungen** führt durch das Gaistal nach Ehrwald. Echt gut!

Hotel

Romantik-Hotel Klosterbräu
Klosterstr. 30][6100 Seefeld
Tel. 0 52 12/2 62 10
www.klosterbraeu.com
Romantisches Luxushotel im Ortszentrum. Sogar der Wellnessbereich wirkt wie aus dem Märchen. Vorzüglich ist das Essen im preisgekrönten Restaurant Ritter-Oswald-Stube. ●●●

Lermoos 13 und Ehrwald

Die beiden Orte am Südhang der Zugspitze sind ideale Startpunkte für Wanderungen oder Mountainbike-Touren, aber auch Golfplätze und Tauchgänge in den Fernsteinseen bieten Genuss. Echt gut! **Eine Fahrt mit der Gondelbahn auf die Zugspitze** (www.zugspitze.com) – Gondeln starten von Ehrwald oder Eibsee, die Zahnradbahn von Garmisch, Grainau oder Eibsee. Konditionsstarke Wanderer gehen vom Gipfel zur Knorrhütte, queren das Kar und gelangen über das »Gatterl« zur Bergstation der Ehrwalder Almbahn (Weiterfahrt per Bus; reine Gehzeit 4–5 Stunden; die »Gatterlkarte« für die Rundtour gibt's an der Talstation der Zugspitzbahn).

Hotel

Familien-Erlebnishotel Alpenrose
Danielstr. 3][6631 Lermoos
Tel. 0 56 73/24 24
www.hotelalpenrose.at
Sehr gelobtes und prämiertes Familienhotel in Lermoos direkt an der Grubigsteinbahn. ●●

Sport

Geführte Mountainbiketouren und Kurse gibt der erfahrene Ski- und Bikeführer Georg Mott, Tel. 0 56 74/64 11, www.bikeguiding.at.

Seen und Täler um Reutte 14

Das schmucke Reutte eignet sich hervorragend als Standortquartier für Ausflüge ins Tannheimer Tal und Ammergebirge oder weiter ins Lechtal. Die **Schlossruine Ehrenberg** südlich des Orts verwandelt sich im Sommer in eine mittelalterliche Erlebniswelt mit Turnier, Markt und viel Action (www.burg-ehrenberg.com). Nur eine halbe Autostunde entfernt stehen die berühmten bayerischen ****König-Ludwig-Schlösser** Linderhof, Hohenschwangau und Neuschwanstein.

Wenige Kilometer östlich liegen der kristallklare ***Plansee** und der **Heiterwangersee** zwischen Lech- und Ammergebirge, deren Felswände steil am südlichen Seeufer emporragen. Ein hübscher Spaziergang führt von der Westseite des Plansees über eine Holzbrücke zum Heiterwangersee. Im Sommer fahren Ausflugsschiffe vom Hotel Fischer in Heiterwang (Tel. 0 56 74/51 16). Am Plansee gibt es eine Tauchbasis (www.planseecamp.de), auch der kleine **Urisee** am nordöstlichen Ortsrand lockt Taucher in seine Tiefen.

Hotels

■ **Hotel Urisee**
Urisee 6][6600 Reutte
Tel. 0 56 72/6 23 01][www.urisee.at
Ein kleines Sporthotel direkt am See ist die richtige Adresse für Taucher. Aber nicht nur Unterwasserfans aller Ausbildungsstufen, auch Wanderer sind hier gut aufgehoben. ●●

■ **Das Beck**
Untermarkt 11][6600 Reutte
Tel. 0 56 72/6 25 22
www.welcome.to/hotel-das-beck
Zentral, dennoch ruhig gelegenes kleines Hotel, tolles Frühstück mit leckeren hausgemachten Marmeladen. ●●

Karte Seite 44

Im klaren Wasser des Plansees spiegelt sich der Blattberg

*Tannheimer Tal 15

Eine Wanderung im Tannheimer Tal gehört sicher zu den Höhepunkten in dieser Region. In wildromantische Berglandschaft eingebettet, funkeln die Wasser des **Vilsalpsees,** des noch kleineren **Traualpsees** und der **Grünen Lache** blaugrün. Rundrum liegt ein kleines, aber feines Naturschutzgebiet (www.tannheimertal.com). Bei der einfachen Umrundung des Sees kann man viele Vögel hören und – mit Glück – erblickt man vielleicht sogar einen Alpensalamander.

Hotel

Landhotel Alpenhof

Am Sonnenhang 23][6691 Jungholz

Tel. 0 56 76/8 11 40

www.landhotel-alpenhof.com

Jungholz liegt in einer nur 8 km^2 kleinen Tiroler Enklave mitten im Allgäu. Der Alpenhof wirkt wie ein großer Bauernhof mit Kräutergarten. ●●

Das **Lechtal 16

Der Naturpark Lechtal zählt zu den schönsten Tälern Österreichs: Ungehindert mäandert der Lech am Talgrund, seine Sandbänke und Auenwälder sind Lebensraum vieler schützenswerter Tiere und Pflanzen. Kulturelle Höhepunkte sind die Schnitzschule und das Heimatmuseum in **Elbigenalp.** Die Pfarrkirche St. Nikolaus (17. Jh.) schmücken Malereien von Johann Jakob Zeiler. Im Sommer finden **Theater und Konzerte auf der Geierwally-Freilichtbühne** in der Bernhardsschlucht bei Elbigenalp statt (www.geierwally.lechtal.at).

Blumenliebhaber begeistert eine Wanderung durch den **Botanischen Garten auf der Jöchelspitze.** Knabenkraut, Türkenbundlilien und Pelzanemonen blühen auf Wiesen und Lichtungen im Bergwald – von der Talstation des Sessellifts bei Benglerwald bis hinauf in die Gipfelregion zieht sich die blühende Pracht. Auf 1800 m (Auffahrt mit der Jöchelspitzbahn) kann man die herrliche Sicht vom Lechtal Panoramaweg genießen (fünfstündiger Rundweg, einfach).

Hotels

Ober-Lechtalerhof
Lechtalstr. 40][6654 Holzgau
Tel. 0 56 33/56 88
www.oberlechtalerhof.com
Luxuriöses, dennoch kinderfreundliches Hotel im Landhausstil im hinteren Lechtal. Am Hang gelegen, mit Blick über das Tal und auf die Berge. ●●

Imst und das Obere Inntal

Imst 17 war einst ein wichtiger Haltepunkt an der Straße von Augsburg nach Oberitalien. Hier wurden die Pferde getränkt und der Mensch desgleichen – der Ort besaß eine Genehmigung für den Weinausschank. In den verwinkelten Gassen fallen die vielen Brunnen auf.

Landeck 18, die nächste Station, war im Mittelalter ein wichtiger Verkehrsknotenpunkt zu den Passübergängen Reschen und Arlberg. Kunsthistorischer Anziehungspunkt ist die imposante gotische Hallenkirche von 1471, deren Mittelschiff fast doppelt so hoch ist wie die Seitenschiffe.

Die gut erhaltene **Burg Landeck** aus der ersten Hälfte des 13. Jhs. gewährt neben einem schönen Ausblick ins Inntal im Heimatmuseum Einblick ins Tiroler Bauernleben und das regionale Kunsthandwerk (tgl. ab 11 Uhr).

Familienurlaub steht im Zentrum der Region **Fiss-Serfaus-Ladis** 19 südlich von Landeck. 2008 wurde sie vom DSV und ADAC zum **familienfreundlichsten Skigebiet der Alpen** gewählt – was die Vielzahl der Liftmasten erklärt. Entsprechend umfassend ist das Angebot an Unterkünften und Freizeitmöglichkeiten. Besonders beliebt ist die Höhen-Spielanlage mit kreativen Spiel- und Actionangeboten für die Kinder.

Hotel

Kinderhotel St. Zeno
6534 Serfaus][Tel. 0 54 76/63 28
www.family.tirol.at/zeno
Umgeben von Almwiesen liegt das luxuriöse Hotel am Ortsrand. Zur Kinderbetreuung gehören ein extra Wellnessangebot für Kids, 4 Kinderklubs sowie der Shuttleservice zur Höhen-Spielanlage und den Liften. Im Winter lockt eine 5 km lange Rodelbahn. Vollpension. ●●

Shopping

Echten Tiroler Speck vom Hersteller verkauft **Handl Tyrol GmbH (Bundesstr. 33, 6551 Pians bei Landeck, Mo–Fr 8–18, Sa 8–12 Uhr).**

Paznauntal 20

Das Paznauntal verbindet Tirol mit Vorarlberg. Es erstreckt sich vom Inntal bis zur Bieler Höhe an der Silvretta Hochalpenstraße.

Karte Seite 44

Spaß für die ganze Familie im Skigebiet Serfaus

Touristisches Zentrum ist das moderne, aber gemütlich gebliebene **Ischgl** mit seinen zahlreichen Übernachtungsmöglichkeiten und dem regen Nachtleben. Weiter oben im Tal liegt der Fremdenverkehrsort **Galtür.** Hier starten herrliche Halbtageswanderungen durch das **Jambachtal,** zum **Kopsstausee** und dem darüber liegenden, 1842 m hohen **Zeinisjoch.** Das kleine Kirchlein Rerarkappali (»reren« für weinen) erinnert an den traurigen Platz, wo noch bis zum Ersten Weltkrieg die schwäbischen Talbauern jedes Frühjahr die Kinder der bettelarmen Galtürer Bergbauern in Empfang nahmen, um sie auf dem Kindermarkt in Ravensburg als Arbeitskräfte anzubieten.

In Erinnerung an das Lawinenunglück von 1999 wurde integriert in eine Schutzmauer das **Alpinarium** errichtet: Neben einer Ausstellung mit Themen wie »Mythos Lawine« oder »Leben am Berg« finden sich hier auch eine **Kletterwand und ein Café** (Di–So 10–18 Uhr, Café bis 22 Uhr).

Echt gut!

Hotels

Gasthof Rössle

Hauptplatz][6563 Galtür
Tel. 0 54 43/8 23 20
www.roessle.com

Schönes Hotel mit Gourmetküche, ausgezeichneter Weinkeller. ●●

Trofana Royal

6561 Ischgl 334][Tel. 0 54 44/6 00
www.trofana.at

In der Küche des luxuriösen Hotels wirkt Martin Sieberer, **einer der besten Köche Tirols.** ●●●

Echt gut!

Restaurant

Wirtshaus Walserstube

im Paznaun Heimatmuseum
6562 Mathon][Tel. 0 54 44/54 31

Paznauner Spezialitäten im 400 Jahre alten Krumpa-Haus. ●●

Unterwegs in Vorarlberg

*Feldkirch 21

Auch östlich des Bodensees gibt es eine Rheinebene – vom Rheingletscher und dessen Abfluss, dem Alpenrhein, gebildet. Hier liegt der reizende Ort Feldkirch. Östlich davon schwingen sich die Berge des Bregenzer Walds zunächst sanft, dann steiler in die Höhe.

Um 1190 ließ Hugo I., Graf von Montfort, die **Schattenburg** über der Ill errichten, in der heute Heimatmuseum und Waffensammlung untergebracht sind. Schon am Marktplatz empfängt Feldkirch seine Besucher mit mittelalterlichem Flair, schönen Laubengängen und Patrizierhäusern, und beim Gauklerfest Ende Juli fühlt man sich Jahrhunderte in der Zeit zurückversetzt! Über die Kreuzgasse schlendert man am Liechtensteinischen Amtshaus von 1697 vorbei zum spätgotischen **Dom St. Nikolaus.** Der um 1500 erbaute Katzenturm – Katzen bezeichnete Kanonen – am Hirschgraben, der Pulverturm, das Zeughaus und die mächtigen Stadttore sind Teile der trutzigen Stadtbefestigung.

Hölzerne Dachschindeln – bis heute teilweise von Hand gefertigt

Hotel

Hotel Bären

Bahnhof Str. 1][6800 Feldkirch
Tel. 0 55 22/35 50
www.hotel-baeren.at

Vom Landhaus bis zur Berghütte reicht der Stil der individuell gestalteten Zimmer in dem Mittelklassehotel nahe des Katzenturms. Entspannen kann man im neuen kleinen Saunabereich. ●●

Restaurant

Gasthof Lingg

Kreuzgasse 10][6800 Feldkirch
Tel. 0 55 22/7 20 62][So/Mo geschl.

Traditionsreiches Haus mit fast 200 Jahre altem Speisesaal und Blick auf den Marktplatz. ●

*Brandnertal 22

Das Brandnertal westlich von Bludenz ist eine vom Tourismus noch wenig berührte Gegend. Die

Straße führt vorbei an alten Holzhäusern mit prächtigem Blumenschmuck. Die Berge steigen hier gleich in mehreren Etagen auf: Almen, bewaldete Hügel, schroffe Felsen staffeln sich hinter- und übereinander. Ab Brand windet sich die Straße steile 7 km hinauf zur Talstation der Lünersee-Bahn. Von der bewirtschafteten Neuen Douglass-Hütte neben der Bergstation startet eine lohnende Wanderung um den Lünersee (ca. 1,5 Std.).

**Montafon 23

Am Eingang zum Tal liegt **Vandans** mit den typischen Walserhäusern mit ihrem Untergeschoss aus Stein und einem Holzaufbau. Die Walser – ursprünglich aus dem schweizerischen Wallis – vererbten ihren Besitz ungeteilt an den Erstgeborenen, was die jüngeren Brüder zum Fortziehen zwang, der Walserwanderung. Im 14. Jh. erreichten sie schließlich auch Vorarlberg und führten hier die Alpwirtschaft ein. Mehr über das Leben im Montafon zeigt das Heimatmuseum von **Schruns.** Hier saß im Winter 1926 im Hotel Traube Ernest Hemingway und pokerte mit den Einheimischen. Nördlich von Schruns liegt **Bartholomäberg** – der angeblich älteste Ort im Montafon – auf einer Sonnenterrasse über dem Talgrund. Unbedingt sehenswert ist die 1732 erbaute Pfarrkirche St. Bartholomäus mit dem wertvollen Schnitzaltar von 1525. Weitere barocke Kirchen zieren **Gallenkirch** und **Gortipohl.** Im Winter ist hier an den Ausgangspunkten zum Skigebiet **Silvretta Nova** – einem der größten und schönsten Europas – die Hölle los.

Lohnendes Wanderziel: der Lünersee

*Silvretta Hochalpenstraße 24

In Partenen beginnt die 1953 fertiggestellte Silvretta Hochalpenstraße, die immer wieder **grandiose Ausblicke auf die Gletscherwelt** eröffnet. Auf 2032 m sind die Bielerhöhe und der Silvretta-Stausee mit seiner 80 m hohen Staumauer erreicht. Der Pass ist nicht nur eine Wasserscheide zwischen Rhein und Donau, er trennt auch Vorarlberg von Tirol und das Montafon vom Paznauntal. Von November bis Mai ist die Straße gesperrt.

Echt gut!

Info

Silvretta Nova Bergbahnen
St. Gallenkirch 198a
6791 St. Gallenkirch-Gaschurn
Tel. 0 55 57/6 30 00
www.silvrettanova.at

Hotels

■ **Chesa Platina**
Flurstr. 19][6780 Schruns
Tel. 0 55 56/7 23 23
Gemütliches mittelgroßes Hotel mitten im Ort mit Kurbetrieb und kleinem Fitnessbereich. ●●

■ **Sporthotel Silvretta Nova**
Dorfstr. 11b][6793 Gaschurn
Tel. 0 55 58/88 88
www.sporthotelsilvrettanova.at
Das große Hotel bietet romantisch eingerichtete Zimmer und eine erstklassige, von Gourmetführern empfohlene Küche. ●●

Restaurant

Gasthaus Mühle
Bartholomäberg][6780 Innerberg 12
Tel. 0 55 56/7 31 12][Mi Ruhetag
Von der Terrasse genießt man einen herrlichen Blick auf das Tal, gutbürgerliche Küche. ●

Arlberg

Die Region **Lech-Zürs** 25 und **St. Anton** 26 am Arlberg ist ganzjährig ein beliebtes Touristenzentrum. Entsprechend groß ist das Angebot an Hotels und Nightlife. Sogar Feinschmecker haben hier die Qual der Wahl bei der Fülle an Gourmetlokalen.

An einer Rolle über dem Wasser schweben, auf einem Seil oder einem wackeligen Balken eine Schlucht überqueren oder auf einem Klettersteig eine Felswand erklimmen – für Wagemutige ist der **Hochseilpark Schröcken** im Abenteuerpark genau das Richtige (www.abenteuerpark.net)! Wer es lieber geruhsamer angehen lässt, wandert von Oberlech über Kreiger- und Butzensattel zum Butzensee und über den Mohnenfluhsattel zurück nach Oberlech (ca. 5 Std., www.lech-zuers.at).

Hotels

■ **Burghotel**
Oberlech 266][6764 Lech
Tel. 0 55 83/2 29 10
www.burghotel.at
Romantisches Hotel der Luxusklasse mit Gourmetküche und großer Saunalandschaft. Für Familien gibt es eigene Appartements. ●●●

■ **Hotel Alte Post**
6580 St. Anton/Arlberg
Tel. 0 54 46/2 55 30
www.hotel-alte-post.at
Traditionsreiches Nobelhotel mit Haubengeschmückter Küche. ●●●

Restaurants

■ **Sonnenburg**
Oberlech][6764 Lech am Arlberg
Tel. 0 55 83/21 47
www.sonnenburg.at
Gelungene Mischung aus Tradition und Moderne, ausgezeichnete kreative Küche. ●●

■ **Brunnenhof**
6764 Lech am Arlberg 146
Tel. 0 55 83/23 49
www.brunnenhof.com
Hier ist wahre Kochkunst oberstes Gebot, international und ideenreich ist der Speiseplan. ●●●

Salzburger Land und Salzkammergut

Nicht verpassen!

- Blick von der Hohensalzburg auf die Stadt und die südlichen Gebirgszüge wie Untersberg und Tennengebirge
- Weißes Gold, Keltenzeit und riesige Höhlen in Hallstatt
- Funkelnder Raureif und Eiszapfen im Mai und Juni in der Eishöhle in Werfen
- Sommerliche Gebirgsblumenteppiche auf den hochalpinen Matten der Hohen Tauern bei einer Wanderung an der Großglockner Hochalpenstraße

Zur Orientierung

»Es liegt halbwegs zwischen dem nördlichen Deutschland und dem lombardischen Italien … zwischen Berg und Ebene, zwischen dem Heroischen und dem Idyllischen …, dem Uralten und dem Neuzeitlichen« – so begründete Hugo von Hofmannsthal 1919, warum er **Salzburg** zur Festspielstadt erkoren hatte.

Das **Salzkammergut** – die klassische europäische Sommerfrische – hat seinen Namen vom Salzabbaugebiet zwischen Traunsee und Hallstatt. Nur ein Teil vom Salzkammergut gehört zum Salzburger Land, die Seen, Bad Ischl und die Gegend um Hallstatt gehören zu Oberösterreich, das Ausseer Land zur Steiermark. Anfang des 19. Jhs. entdeckten die Maler der Romantik die Region mit ihren sanften Hügeln, schroffen Karstbergen und juwelengleichen Seen. Dichter und Komponisten folgten, schließlich kamen Adel und Bürgertum.

Das Gebiet um **Hallstatt** und das **Dachsteinmassiv** gehören zum UNESCO-Weltkulturerbe. Die eindrucksvolle Bergwelt um Großglockner und Großvenediger erschließen die **Großglockner Hochalpenstraße** und viele Wanderwege. Die **Krimmler Wasserfälle** und die Gletscherregionen locken jährlich Tausende von Besuchern – dennoch finden gemütliche Wanderer oder Bergfexe hier noch ihr persönliches Paradies.

Im **Pongau** – der almenreichsten Region Österreichs – locken spektakuläre Wanderungen auf Stegen und Brücken durch tief eingeschnittene Schluchten.

Touren in der Region

Salzkammergut und Ausseer Land

–⑦– Salzburg › Fuschlsee › Mondsee › Nußdorf am Attersee › Gmunden am Traunsee › Bad Ischl › Bad Aussee › Salzburg

Länge: 240 km
Dauer: 8 Tage
Praktische Hinweise: Salzburg Card, erhältlich bei der Touristeninformation, an Kiosks, in Hotels, 24 Std. 24 Euro, 48 Std. 32 Euro.

Den Spuren des Salzes folgt man bei einer Reise durch das Salzkammergut. Es klingt nach Beschaulichkeit und Nostalgie, steht längst aber auch für Wellness und erstklassige Küche. Von Salzburg geht es entlang des **Fuschlsees** zum ***Mondsee** › S. 78 und weiter zum ***Attersee** › S. 78, wo man in **Nußdorf** › S. 79 übernachtet. Kurvig und steil führt die Panoramastraße von Seefeld bis Steinbach durch das Kienbachtal zum **Traunsee** und in die Keramikstadt ***Gmunden** › S. 78, wo man Quartier aufschlägt. Traumhaft liegt der Traunsee eingebettet zwischen den Bergen. Blickfang ist das Johanneskirchlein in **Traunkirchen** › S. 78. Durch's **Trauntal** geht es zum Kurort für Kaiser und Könige – nach ***Bad Ischl** › S. 78, wo Sie am besten zwei Übernachtungen einplanen. Am nächsten Morgen sollten Sie einen Ganztagesausflug an den ****Wolfgangsee** › S. 77 machen, den Inbegriff österreichischer Romantik. Beschaulich ist das Leben im ****Ausseer Land** › S. 80 mit seinen funkelnden Seen. Wenn Sie auf der Weiterfahrt **Bad Aussee** erreicht haben, quartieren Sie sich am besten gleich zwei Nächte dort ein. Ein Höhepunkt der Rundfahrt sind die ****Höhlen des Dachsteingebirges** bei Obertraun. Die Zeit der Kelten wird in *****Hallstatt** lebendig › S. 81. Durch die liebliche Landschaft des **Tennengaus** geht es dann zurück nach Salzburg.

Nationalpark Hohe Tauern

(8) Zell am See › Kaprun › Heiligenblut

Länge: 80 km
Dauer: 3 Tage
Praktische Hinweise:
Öffnungszeiten der Großglockner Hochalpenstraße:
1.5.–15.6. 6–20 Uhr,
15.6.–15.9. 5–21.30 Uhr,
15.9.–ca. 30.10. 6–17.30 Uhr,
aktueller Straßenzustand
Tel. 0 65 46/6 50, die Maut ist in der Salzburger Land Card enthalten.

***Zell am See** › S. 82 im Salzachtal lockt zum Bummel durch die hübsche Altstadt. Um das rege Nachtleben genießen zu können, übernachtet man hier. Ein Tagesausflug nach **Kaprun** › S. 82 verdeutlicht, wie wichtig die Gletscher und ihre Wasserkraft für die Wirtschaft des Landes sind. Die ****Großglockner Hochalpenstraße** › S. 84 führt südwärts durch atemberaubende Landschaft bis nach ***Heiligenblut** › S. 85 in Kärnten. Für Heiligenblut sollte man zwei Tage einplanen: Eine Seitenstraße der Großglockner Hochalpenstraße führt auf über 2000 m hinauf – grandios ist der *Blick von der **Kaiser-Franz-Josefs-Höhe** oder von einem der Wanderwege auf die eisgepanzerten Berge und ihre Gletscher. Am zweiten Tag kann man im **Goldgräberdorf** versuchen, die Reisekasse mit ein paar Nuggets aufzustocken.

Wichtige Adressen

- **Ausseerland-Salzkammergut,** Bahnhofstraße 132, 8990 Bad Aussee, Tel. 0 36 22/5 40 40, www.ausseerland.at
- **Schladming-Dachstein,** Ramsauerstraße 756, 8970 Schladming, Tel. 0 36 87/2 33 10, www.schladming-dachstein.at

7 **Salzkammergut und Ausseer Land** Salzburg › Nußdorf am Attersee › Gmunden am Traunsee › Bad Ischl › Bad Aussee › Salzburg

8 **Nationalpark Hohe Tauern** Zell am See › Kaprun › Heiligenblut

9 Zwischen Gurktaler Alpen und Saualpe (› S. 91)
Klagenfurt › Hochosterwitz › St. Veit › Hüttenberg › Friesach › Gurk

10 Per Rad oder Auto längs der Drau nach Klagenfurt (› S. 92) Silian › Lienz › Weißensee › Spittal a. d. Drau › Villach › Ferlach › Klagenfurt

Unterwegs in der Region

2 ***Salzburg 1

Schon die Römer waren bezaubert: Juvavum, »Sitz des Himmelsgottes«, nannten sie den Ort, an dem heute Salzburg liegt. Ende des 7. Jhs. wurde Salzburg zum Zentrum christlicher Missionierung, seit 739 ist es Bischofssitz. Salz und Gold brachten Reichtum, der zur Finanzierung ehrgeiziger Baupläne genutzt wurde. Nicht immer zur Begeisterung des Volkes: »Wolf im Purpurpelz« nannte es den Erzbischof Wolf Dietrich von Raitenau, der ganze mittelalterliche Straßenzüge seiner Großmannssucht opferte. Mit zeitlichem Abstand jedoch gewannen seine Aktivitäten an Zustimmung – 1996 wurde die gesamte Altstadt in die UNESCO-Liste des Weltkulturerbes aufgenommen.

**Festung Hohensalzburg A

Bischof Gebhard ließ die Burg Ende des 11. Jhs. erbauen. Allein schon der Blick über Salzburg bis hin zu den Bergen lohnt den Weg hinauf. Im Festungsmuseum erzählen einige Räume von der Geschichte und vom Leben auf der Burg. Das Fürstenzimmer bildet die **prächtige Kulisse für Konzerte.** Die »All-Inclusiv-Festungscard« ermöglicht zudem den Besuch der Galerie, des Rainer Regimentsmuseums mit seiner Waffensammlung, der Folterkammer, des Aussichtsturms und die Nutzung der Festungsbahn. Die Walzenorgel der Burg, der »Salzburger Stier«, schallt täglich um 7, 11 und 18 Uhr zu den Häusern hinunter (www.salzburg-burgen.at).

Echt gut!

Rund um den *Residenzplatz

Schon beim Blick von oben erkennt man die riesigen Ausmaße des ****Doms** B, den Santino Solari von 1614–1628 erbauen ließ. Seine Doppeltürme beherrschen den Domplatz, im Inneren ist er mit zahlreichen Kunstschätzen und Gemälden ausgestattet. Beeindruckend sind das Deckengemälde der Kuppel sowie die gigantische Orgel – mit 10 000 Pfeifen die zweitgrößte Österreichs.

Ein Durchgang führt vom Domplatz zum angrenzenden ***Residenzplatz** C, an dem Fiakerrundfahrten starten. Die Alte Residenz, die Seitenfassade des Doms, das Domgrabungsmuseum sowie die Neue Residenz umgeben den Platz mit dem 1661 erbauten marmornen Brunnen. Wolf Dietrich von Raitenau veranlasste den Bau der ***Residenz** D im Stil des italienischen Spätbarock: In den prächtigen Prunkräumen, in denen schon Mozart musizierte, finden immer noch Konzerte statt, die hochkarätige

Die Pracht Salzburgs erstrahlt des Nachts: Festung und Altstadt

Gemäldegalerie im 2. Stock zeigt u.a. Werke von Rembrandt (Residenz: tgl. 10–17 Uhr, Galerie Di bis So 9–17 Uhr). Archäologisch Interessierte zieht es in das **Domgrabungsmuseum** mit Relikten einer römischen Villa und den Fundamenten des Doms. Die **Neue Residenz** E – erbaut im 16.–17. Jh. und berühmt für ihr Glockenspiel – beherbergt seit 2007 das sehr sehenswerte **Salzburg Museum** (Di–So 9–17 Uhr, Juli/Aug./Dez. auch Mo).

Unterhalb des Mönchsbergs

Vom Residenzplatz ist es nur ein Katzensprung zur weitläufigen Anlage von **Stift St. Peter** F, der Keimzelle Salzburgs. Die Katakomben des Petersfriedhofs sollen schon in der Spätantike in den Fels gehauen worden sein. Nach Westen schließen sich die **Festspielhäuser** an – ursprünglich als Hofmarstall und Reitschule erbaut, seit 1917 Schauplatz großer Inszenierungen.

Gegenüber liegt das Museum der Moderne ***Rupertinum** G. Das frühbarocke Altstadtpalais diente lange Zeit als Priesterseminar, bevor 1983 Werke von Kokoschka, Kirchner, Nolde und Schiele einzogen (Di–So 10 bis 18 Uhr, www.rupertinum.at).

Durch die **Getreidegasse

Mit der berühmten Flaniermeile der schon 1363 erwähnten Getreidegasse ist das mittelalterliche Salzburg erreicht. **Mozarts Geburtshaus** H erinnert an den Künstler, der hier am 27.1.1756 das Licht der Welt erblickte.

1773 zog die Familie um auf das andere Ufer der Salzach ins ***Mozart Wohnhaus** I, das mit seinen repräsentativen Räumen eher der neuen Stellung der Familie entsprach. Das Gebäude am Makartplatz 8 wurde aufwendig renoviert, ein Film zeichnet Mozarts Leben nach.

Das ***Salzburger Marionettentheater** Ⓙ führt **Opern en miniature** auf (Schwarzstr. 24, neben der Oper, Tel. 06 62/87 24 06, www.marionetten.at).

Echt gut!

Bei Sonnenschein lohnt ein Spaziergang durch die Anlagen von **Schloss Mirabell** Ⓚ – vom Barockgarten und dem Zwergengarten bietet sich ein schöner Blick auf die Fassade des Schlosses. Der prunkvolle Marmorsaal wird für Konzerte und Trauungen genutzt.

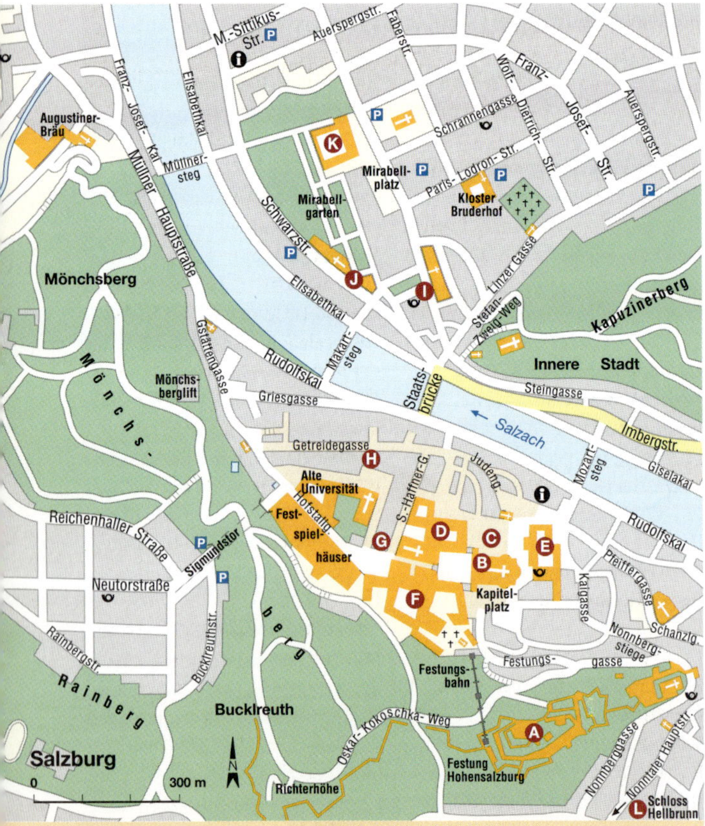

Ⓐ Hohensalzburg
Ⓑ Dom
Ⓒ Residenzplatz
Ⓓ Residenz
Ⓔ Neue Residenz
Ⓕ Stift St. Peter
Ⓖ Rupertinum
Ⓗ Mozarts Geburtshaus
Ⓘ Mozart Wohnhaus
Ⓙ Marionettentheater
Ⓚ Schloss Mirabell
Ⓛ Schloss Hellbrunn, Zoo

Karte Seite 74

*Schloss Hellbrunn und Zoo Ⓛ

Markus Sittikus ließ sich das Schloss 1650 als italienische »villa suburbana« erbauen. Seine Besucher mussten sich vorsehen: Der Erzbischof liebte es, seine Gäste zu erschrecken – ohne Vorwarnung schossen Wasserfontänen aus den steinernen Bänken im römischen Theater oder aus den Wänden der künstlichen Grotten. Vorsicht – die Wasserspiele funktionieren immer noch!

Der benachbarte **Zoo** besticht durch seine Lage unter einer Felswand und die großen naturnahen Gehege (tgl. 9–17 Uhr, Juli, Aug. bis 18.30, Winter bis 16 Uhr).

Info

■ **Salzburg Information**
Mozartplatz 5
Tel. 06 62/88 98 73 30
www.salzburg.info

Verkehr

■ **Flughafen:** 4 km südwestlich der Stadt, Tel. 8 58 00, www.salzburg-airport.com. Airport-Shuttle und Buslinie 77.

■ **Parkplätze:** In Salzburg sind die Parkmöglichkeiten begrenzt. Nutzen Sie die P+R-Plätze Süd, Alpenstraße (300 Plätze, Bus 51, 95 zur Innenstadt), Salzburger Ausstellungszentrum (2600 Plätze, Juli/August Shuttle zur Innenstadt), Petersbrunnstraße (Citybus).

Hotels

■ **Das Auersperg**
Auerspergstraße 61][5020 Salzburg
Tel. 06 62/88 94 40
www.auersperg.at
Mitten in der Stadt liegen Stadtpalais und Hotelgebäude **umgeben von einem schönen Garten.** ●●● Echt gut!

■ **Blaue Gans**
Getreidegasse 43
Tel. 06 62/8 42 49 10
www.blauegans.at
Das renovierte Traditionshotel besticht durch seine Lage mitten in der Altstadt und im Inneren durch sein klares modernes Design. ●●

Restaurants

■ **Zum Mohren**
Judengasse 9][5010 Salzburg
Tel. 06 62/84 23 87
Traditionslokal, in dem schon Mozart und Schubert speisten. Die Knödel sind ein Gedicht. ●●

■ **Fideler Affe**
Priesterhausgasse 8][5020 Salzburg
Tel. 06 62/87 73 61][So geschl.
Günstiges Lokal mit feiner österreichischer und vegetarischer Küche. ●

■ **Ikarus im Hangar 7**
Salzburg Airport][Tel. 06 62/21 97 77
Am Flughafen ist ein **neuer Kultur- und Szenetreff** entstanden: Ausstellungen mit Weltniveau (Eintritt kostenlos, tgl. ab 9 Uhr), Gourmetlokal und trendige Bars umgeben von historischen Flugzeugmodellen! Infos unter Tel. 21 97. ●●● Echt gut!

Nightlife

■ **Kammermusik-Konzerte** in Schloss Mirabell, in der Residenz sowie im Fürstenzimmer der Feste Hohensalzburg (**Salzburg Ticket Service, Tel. 00 62/84 03 10, www.salzburg ticket.com**).

■ Die Jugend trifft sich zum Abtanzen am **Rudolfskai,** die trendige Klubszene findet man in der **Gstättenstraße.**

Karte
Seite 70

Angesagt sind die Bars im Viertel **Imbergstraße/Steingasse,** selbst gebrautes Bier bietet die **Weißbierbrauerei** in der Rupertigasse.

Shopping

Paul Fürst hat die Mozartkugel vor mehr als 100 Jahren erfunden. Sein Urenkel Norbert produziert sie noch heute im **Café Fürst (Brodgasse 13).** Geschnitztes, handgeknetete Bienenwachskerzen, Stoffe und Trachten findet man im **Salzburger Heimatwerk** direkt neben dem Salzburg Museum **(Residenzplatz 9).** Die **Broschüre Tradition & Qualität** ist ein Führer zu den schönsten Geschäften der Stadt (bei der Tourismus Information am Residenzplatz).

**Aiderbichl 2

Michael Aufhauser gründete den großen Gnadenhof, auf dem Tiere Zuflucht finden, die wegen Krankheit, Alter oder mangelnder Zuchteignung aus dem Arbeitsleben ausschieden. Europaweit werden Tiere gerettet und nach Aiderbichl gebracht. Eintrittsgelder, Spenden und Patenschaften der mittlerweile beachtlich großen Gemeinschaft der »Aiderbichler« finanzieren Höfe, Pflegepersonal und Tierärzte. Ein Besuch ist zu jeder Jahreszeit und für Groß und Klein ein Erlebnis. Besondere Attraktionen sind die großen Oster- und Adventsmärkte. (Henndorf am Wallersee, 20 km nordöstlich von Salzburg, www.gut-aiderbichl.com)

**Hallein 3

Die Altstadt mit den bunten Barock- und Rokokofassaden in der Fußgängerzone lädt zum Stadtspaziergang ein. Hauptattraktionen sind jedoch die ****Salzwelten** mit dem **Salzbergwerk** und das **Keltendorf** auf dem Dürnstein,

Ein Gnadenhof für Tiere und ein Paradies für Tierfreunde: Gut Aiderbichl

gut zu erreichen mit der Salzbergbahn. Im Salzbergwerk mit seinen Salzdomen, den kilometerlangen Stollen und einem unterirdischen See widmet man sich heute ausschließlich den Touristen – der Salzabbau wurde 1989 eingestellt. Über Tage veranschaulicht das Keltendorf Lebensweise und Grabriten der Kelten. Artefakte aus dieser lang vergangenen Zeit zeigt das **Keltenmuseum** im ehemaligen Salinenverwaltungsgebäude unten im Tal (Mai–Okt. tgl., Tel. 0 61 32/20 00, www.salzwelten.at).

Hotel

Schloss Haunsperg
Hammerstr. 51
5411 Oberalm bei Hallein
Telefon 0 62 45/8 06 62
www.schlosshaunsperg.com
In einem kleinen Schlösschen aus dem 14. Jh. bieten acht mit antiken Möbeln ausgestattete Zimmer und Appartements stilvollen Luxus. ●●

**Eisriesenwelt in Werfen 4

Die Attraktion von Werfen im Süden von Salzburg ist die faszinierende Eisriesenwelt. Vom Parkplatz sind es etwa 10 Min. zur Talstation der Seilbahn, die zum Eingang der 1879 entdeckten Eishöhle führt. Im Tertiär wusch ein unterirdischer Fluss die riesige Karsthöhle aus, in der bislang rund 45 km Wege von Forschern erkundet wurden. Im Hochsommer schmilzt ein Teil des Eises ab, im Großen Eispalast glitzert dann ein spiegelglatter See. Rund 800 m dieser faszinierenden Welt mit ihren Eisskulpturen können von Mai bis Oktober bestaunt werden. (feste Schuhe und warme Kleidung erforderlich, Dauer der Führungen ca. 70 Min., Mai–Okt. 9–16.30 Uhr, Sept./Okt. bis 15.30 Uhr, Tel. 0 64 68/52 48, www.eisriesenwelt.at)

Seen im Salzkammergut

Der **Wolfgangsee

Romantiker zieht es gerne nach **St. Wolfgang** 5 mit seinen historischen Gassen und Plätzen direkt am malerischen Wolfgangsee. 1898 schrieb Oskar Blumenthal das Theaterstück »Im Weißen Rössl«, Erik Charell und Ralf Benatzky machten daraus 1930 eine Operette – bis heute sind die Melodien untrennbar mit dem Hotel am Ort verbunden.

Ebenso nostalgisch ist eine Fahrt mit dem frisch restaurierten, 135 Jahre alten **Schaufelraddampfer »Kaiser Franz Josef I.«**, der seit Juli 2008 wieder auf dem See kreuzt. Noch weiter zurück in der Zeit führt ein Besuch der spätgotischen **Kirche des hl. Wolfgang,** deren **Flügelaltar des Südtiroler Schnitzers Michael Pacher von 1481 Ziel vieler Wallfahrer war.

Die **Schafbergbahn** in St. Wolfgang, Österreichs steilste Zahnradbahn, schnauft seit 1893 auf den 1783 m hohen Schafberggip-

Urlaubsvergnügen am Wolfgangsee

Echt gut!

fel, von dem man einen **14-Seen-Blick genießt** (Tel. 0 61 38/ 2 23 20, www.schafbergbahn.at).

3 *Bad Ischl 6

Bad Ischl verdankt seinen Aufstieg zum Kurbad dem Hofmedikus Franz von Wirer, der die Idee seines Kollegen Josef Götz, mit Solekuren gicht- und rheumageplagte Bergmänner zu heilen, salonfähig machte. Erzherzogin Sophie – lange ohne Nachwuchs geblieben – wurde nach einem Kuraufenthalt in Ischl schwanger. Und als 1853 Kaiser Franz Joseph seine Verlobung mit Elisabeth von Bayern, der berühmten Sisi, hier feierte und sogar seine Sommerresidenz nach Ischl verlegte, war der Aufstieg zum mondänen Kurbad perfekt.

Im ehemaligen Hotel Austria ist heute das **Stadtmuseum** untergebracht, auch die Räumlichkeiten der **Kaiservilla** sind zu besichtigen. Auf der anderen Traunseite steht die **Villa Lehár,** wo Franz Lehár von 1912–1948 zahlreiche seiner Bühnenwerke komponierte.

Traunsee

***Gmunden** 7 war als Ferienresidenz europäischer Fürstenhäuser beliebt, Schlösschen und Villen bestimmen das Ortsbild. Ein Spaziergang vom Stadtteil Ort führt über die Halbinsel Toskana auf einer Holzbrücke zum vierflügeligen **Seeschloss** von 1634. Entlang des Seeufers erreicht man die Traunbrücke, wo in den spätgotischen Kammerhof das **Stadtmuseum** eingezogen ist. Die Kurstadt Gmunden war und ist berühmt für ihre Keramik: Gmundener Fayence war einst ein wichtiges Handelsprodukt, selbst die Glocken im Rathausturm sind aus Keramik. Noch heute findet am **letzten Wochenende im August der große Töpfermarkt statt.**

Vom Ortsteil Weyer führt eine Gondelbahn auf den Grünberg. Wer den Touristenströmen entkommen will, sollte die Wanderung auf den 1691 m hohen **Traunstein** wählen (2 Std.).

Am Ostufer des Sees in **Traunkirchen** liegt das Dorfkirchlein wie aus dem Bilderbuch auf einem Felsen hoch über dem See.

*Attersee und *Mondsee

Gemütliche kleine Ferienorte umgeben den **Attersee** 8, den größten See des Salzkammergutes, dessen Ufer Edelkastanienwälder, malerische Dörfer und steile Felswände säumen. Weit über das

Karte
Seite 70

Wasser leuchtet der weiße Turm der barockisierten gotischen Wallfahrtskirche Maria Attersee.

Auch der **Mondsee** 9 besticht durch seine herrliche Lage, eingebettet zwischen Drachenwand (1000 m) und Schafberg (1783 m). Schon lange vor den Sommerfrischlern des 19. Jhs. ließen sich Menschen hier nieder: Ein Besuch des Museums im ehemaligen Stift St. Michael in Mondsee führt zurück bis in die Jungsteinzeit.

Info

■ **Wolfgangsee Tourismus**
5360 St. Wolfgang
Tel. 0 61 38/80 03
www.wolfgangsee.at

■ **Tourismusverband Bad Ischl**
Auböckplatz 5/Trinkhalle
4820 Bad Ischl][Tel. 0 61 32/27 75 70
www.badischl.at

■ **Gmunden Tourismus**
Toscanapark 1][4810 Gmunden
Tel. 0 76 12/7 44 51
www.traunsee.at

Hotels

■ **Goldener Ochs**
Grazerstr. 4][4820 Bad Ischl
Tel. 0 61 32/2 35 29
www.goldenerochs.at
Romantiker lieben das nostalgisch-luxuriöse Flair des 4-Sterne-Traditionshotels mit schönem Garten. Im Vitalbereich gibt es Solegradier- und Kneippanlage, Duftstationen und Relaxoasen. ●●

■ **Aichinger**
Am Anger 1
4865 Nußdorf am Attersee
Tel. 0 76 66/80 07
www.hotel-aichinger.at

Imperialer Balkon der Kaiservilla in Bad Ischl

Gemütliches und komfortables Hotel mit eigener Liegewiese direkt am See, Kastanien beschirmen den Garten – und ins Zentrum von Nußdorf ist es nur ein Katzensprung. ●●

■ **Schloss Mondsee**
Schlosshof 1 a][5310 Mondsee
Tel. 0 62 32/50 01
www.schlossmondsee.at
Luxus in den ehrwürdigen Mauern eines großen Klosters erwartet den Gast im Schloss. Der moderne Stil der großzügig geschnittenen Zimmer bildet einen reizvollen Kontrast zur historischen Umgebung. ●●●

Restaurants

■ **Landhaus zu Appesbach**
Au 18][5360 St. Wolfgang
Tel. 0 61 38/22 09
www.appesbach.com

Viel gerühmte Küche im Herrenhaus am Wolfgangsee. Neben österreichischen Spezialitäten serviert man auch Vegetarisches der Spitzenklasse. Bei schönem Wetter sitzt man auf der Terrasse mit herrlichem Blick. ●●

■ **Villa Schratt**
Steinbruch 43][4820 Bad Ischl
Tel. 0 61 32/2 76 47
Echt gut! Ausgezeichnetes **Gourmetlokal mit neuer österreichischer Küche** in der Villa von Katharina Schratt, der Altersgeliebten des Kaisers. ●●●

■ **Holzingerbauer**
Oberburgau 12
5310 Scharfling bei Mondsee
Tel. 0 62 32/38 41][Sa/So geschl.
In der beliebten Jausenstation trifft sich Gott und die Welt bei deftiger Hausmannskost. Besonders beliebt ist der Garten. Reservieren! ●●

Shopping

Der ehemalige k. k. Hoflieferant **Bittner** **(Auböckplatz 3, Bad Ischl)** fertigt heute noch Hüte an. Den Köstlichkeiten der **Hofkonditorei Zauner** in Bad Ischl konnte schon der Kaiser nicht widerstehen. Das Stammhaus ist eine Sehenswürdigkeit für sich **(Pfarrgasse 7, tgl. 8.30–18 Uhr)**. Werkverkauf der **Gmundener Keramik, Keramikstr. 24, Gmunden, Mo–Fr 9–18, Sa 9–17 Uhr.**

Wassersport

Wasserskifahren, Segeln, Tauchen, Baden oder eine Schiffsrundfahrt machen kann man an allen Seen, besonders groß ist das Angebot am Attersee (z.B. www.atterseediving.at).

■ **Nautilus Tauchschule**
Forsthausstr. 4
Weyregg am Attersee
Tel. 06 64/22 99][www.nautilus.at

■ **Segelschule Attersee**
Tel. 0 76 66/77 02
www.segelschule.at
Segelkurse und Bootscharter.

■ **Infos zu Schiffsfahrten:**
Attersee Tel. 0 76 66/78 06,
Mondsee Tel. 0 62 32/49 34,
Traunsee Tel. 0 76 12/6 67 00,
Wolfgangsee Tel. 0 61 38/2 23 20.

Ausseer Land und Hallstatt

Bad Aussee und **Altausseer See

Am stimmungsvollsten ist der Kurort **Bad Aussee** 10 im späten Frühjahr, wenn die Narzissen blühen – was Anlass gibt für ein eigenes Fest. Auch die Ausseer gründeten ihren Reichtum auf Salz und bieten seit 1850 Schlamm- und Solebäder an. Die **Pfarrkirche St. Paul** stammt aus dem 13. Jh. Sie birgt in der Marienkapelle eine Madonnenfigur aus dem 15. Jh. Der spätgotische **Kammerhof,** heute Heimatmuseum, ist der älteste Profanbau der Steiermark.

Der vom Loser (1838 m) überragte ****Altausseer See** gehört zu den Bilderbuchmotiven der Region. Jahrhundertelang wurde hier Salz abgebaut – heute sind die Stollen des **Salzbergwerkes** Schauplatz kultureller Veranstaltungen (Führungen April–Okt. tgl. 10–16 Uhr, www.salzwelten.at). Am **Literatur- und Heimatmuseum** in Altaussee startet die **Via Artis,** ein rund einstündiger Spaziergang um den See auf den

Karte Seite 70

Spuren von Komponisten und Dichtern, die zur Sommerfrische hier weilten.

4 ***Hallstatt und Dachsteinmassiv 11

Noch 1890 erreichte man den Salinenort Hallstatt nur per Saumtierpfad oder Schiff – heute führt eine schmale Straße von Bad Aussee oder Bad Goisern her. Der Ort liegt malerisch am Ufer des von majestätischen Bergen umgebenen Hallstätter Sees. Neben den Funden aus der frühen Eisenzeit (› Exkurs unten) ist auch hier Salz ein wichtiges Thema: Mit der Salzbergbahn gelangt man vorbei am **Hallstätter Gräberfeld** zum Knappenhaus, dem Eingang zu den **Salzwelten** (Führungen Ende April–Okt. tgl. 9.30–16.30 Uhr, www.salzwelten.at). Makaber sind die Exponate des **Beinhauses** in der Michaelskapelle im Ort Hallstatt: 1200 Schädel, 610 davon liebevoll bemalt.

Zum Gruseln: das Beinhaus in Hallstatt

Südöstlich von Hallstatt zweigt kurz vor Obertraun eine Stichstraße zur **Dachsteinbahn** ab, die auf den Krippenstein (2109 m) schwebt. An der Mittelstation liegt der Eingang zu den **Dachsteinhöhlen,** einer der größten unterirdischen Eislandschaften Mitteleuropas (Führungen Mai bis Okt. tgl. 9.20–16 Uhr; warme

Die Hallstattzeit

1734 entdeckten Bergleute eine gut erhaltene Leiche im Salzstollen bei Hallstatt, die sie auf dem Friedhof zur letzten Ruhe betteten. 100 Jahre später erinnerte sich der Bergbeamte Johann Georg Ramsauer an den Fund und ordnete angesichts von sieben weiteren Skeletten genaue Untersuchungen an. Sein Engagement markiert den Beginn systematischer Forschungs- und Ausgrabungstätigkeiten. 1846 fand man auf dem Salzberg nahezu tausend Keltengräber. Die Toten hatten zwischen 800 und 400 v.Chr. gelebt, man fand Kultgegenstände und Werkzeuge, die Aufschlüsse über die Kultur der älteren Eisenzeit gaben. Das archäologische Feld lieh der Periode ihren Namen: Hallstattzeit. Die Funde aus den Stollen und dem Gräberfeld sind im **Prähistorischen Museum** in Hallstatt zu bewundern (Nov.–März Mi–So 11–15 Uhr, April tgl. 10–16 Uhr, Mai–Okt. 9–18 Uhr, Tel. 0 61 34/82 80 15, www.museum-hallstatt.at).

Kleidung dringend empfehlenswert!, Tel. 0 61 31/53 10, www.dachsteinwelterbe.at; › S. 21).

Info

Informationsbüro Bad Aussee
Bahnhofstr. 132][8990 Bad Aussee
Tel. 0 36 22/54 04 00
www.ausseerland.at

Restaurant

Bräugasthof Lobisser
Seestr. 120/121][4830 Hallstatt
Tel. 0 61 34/82 21
www.brauhaus-lobisser.com
Im gemütlichen Gasthof von 1472 kocht man traditionelle Gerichte und gute Hausmannskost. Die exklusive Lage direkt am See und der schöne Gastgarten haben ihren Preis. ●●●

Hohe Tauern

*Zell am See 12

Laune macht ein Bummel durch die Innenstadt, obwohl vom mittelalterlichen Kern nur Schloss Rosenberg, der Vogtturm mit dem Heimatmuseum und die Pfarrkirche St. Hippolyt erhalten sind. Schon Kaiserin Sisi verbrachte hier gern den Sommer, zu Fuß stieg sie auf die Schmittenhöhe – im Gegensatz zu anderen Gästen, die lieber Mulis benutzten oder sich in kleinen Wagen hinaufziehen ließen. Heute fährt eine Seilbahn auf den 1968 m hohen Berg, von dessen Gipfel **über 30 Dreitausender zu sehen** sind.

Echt gut!

Kaprun 13

Seine Wandlung zum Ferienort verdankt Kaprun dem Kraftwerk Glockner-Kaprun, für das ab 1920 zwei Stauseen auf über 2000 m Höhe angelegt wurden. Die beiden Seen fügen sich so harmonisch in die Umgebung, als handle es sich um natürliche Gewässer. Beide Stauseen, ***Wasserfallboden** und **Mooserboden,** fassen je über 80 Mio. m³ Wasser, die von mächtigen, über 100 m hohen Sperrmauern gehalten werden. Mit Bussen und Europas größtem offenen Schrägaufzug geht es hinauf, wo das **Museum Strom & Eis** und die Staumauerführung alle Fragen beantworten (ab dem Kesselfall-Alpenhaus, Anfang Juni bis Mitte Okt. tgl. 8.10–15.30 Uhr, www.tauerntouristik.at).

Darüber hinaus ziehen das Ganzjahresskigebiet **Kitzsteinhorn** (3203 m) und die **Burg Kaprun** (12. Jh.) Gäste an.

Rast im Nationalpark mit Blick auf

Karte Seite 70

Nightlife

In Zell am See ist abends der Bär los: Rockigen Sound und Cocktails gibt's in der Rock Bar **(Bahnhofplatz 2 a, Di bis So)**. Die kultige Karambar **(Schlossplatz 2)** bietet Partystimmung und Karaoke. Zum gemütlichen Plausch trifft man sich nebenan in der Our's Lounge **(Schlossplatz 5, Mo–Sa)**. In der Sportsbar in Kaprun kann man kostenlos ins Internet, Kegeln und mehr **(Schloßstr. 474)**.

5 ***Nationalpark Hohe Tauern

Tirol, Salzburger Land und Kärnten haben Anteil am wohl bekanntesten Nationalpark Österreichs. Die Kernzone bildet die wilde felsige Gipfelregion, in der mit Ausnahme der Jagd jegliche Nutzung verboten ist, in der Außenzone wird die einmalige Kulturlandschaft durch schonende Bewirtschaftung erhalten. Shuttlebusse erleichtern den Zugang zum Park, Schautafeln, Lehrpfade und geführte Touren liefern Wissenswertes zu Tieren und Pflanzen, Museen berichten aus der sehr harten Welt der Bergbauern. Unbedingt einen Besuch wert ist das **Nationalparkzentrum** in Mittersill. In seinen »Nationalparkwelten« lernt man die Tier- und Pflanzenwelt der alpinen und hochalpinen Bergwelt rund um Österreichs höchste Berge kennen. (Tgl. 9–18 Uhr, Tel. 0 65 62/ 4 09 39, www.nationalpark zentrum.at)

Neukirchen 14

Der hübsche Ferienort ist Sitz der Verwaltung des Nationalparks Hohe Tauern und dient Wande-

den Großglockner

rern aller Art als Basislager: Die Zweitagestour zum **Großvenediger** (3674 m) ist nur für erfahrene Alpinisten geeignet, weniger anspruchsvoll gestaltet sich die Wanderung durch das Habachtal zur **Thüringer Hütte** auf 2300 m (6 Std.).

**Krimmler Wasserfälle 15

An den berühmten Fällen zeigt der Massentourismus sein Gesicht – kitschige Souvenirs, gebührenpflichtiger Wanderweg, teures Parken: An manchen Tagen sind bis zu 9000 Besucher unterwegs! Doch die Wasserfälle sind unbestreitbar eindrucksvoll: Sie gehören zu den sechs höchsten Fällen der Erde, während der Gletscherschmelze rauschen bis zu 400 000 l/s 380 m tief zu Tal! Einen herrlichen Blick auf die tosenden Wassermassen hat man beim Schönangerl (1285 m). Bei der Schettbrücke am Oberen Fall trifft man nur noch echte Bergfexe, die den Weg zum Krimmler Tauernhaus (15. Jh.) in 1622 m Höhe angehen (ab Krimml ca. 3 Std., einfach, › S. 12).

6 **Großglockner Hochalpenstraße 16

Die Großglocknerstraße ist eine der imponierendsten Gebirgsstraßen der Alpen! Erste Pläne stammen aus den 1920er-Jahren. Als 1929 die Arbeitslosenquote auf 26% anstieg, gab es genügend Arbeitswillige: Von 1930 bis 1935 schufteten 3200 Arbeiter unter der Leitung des jungen Ingenieurs Franz Wallack. In Bruck beginnt die 48 km lange Panoramastrecke, die in Heiligenblut endet (April

Panoramablicke garantiert: die Großglockner Hochalpenstraße

bis Okt., www.grossglockner.at). Am Parkplatz Piffkar, nach 20 km, sollte man sich eine halbe Stunde Zeit für den **Panoramaweg** nehmen. Bei km 26 informiert das **Museum Alpine Naturschau** über das labile ökologische Gefüge des Lebensraums Hohe Tauern. Am Fuscher Törl zweigt eine Stichstraße (2 km) zur **Edelweißspitze** (2577 m) ab. Der Blick in die Gebirgswelt ist überwältigend: 37 Dreitausender und 19 Gletscher sind bei gutem Wetter zu zählen!

Nach 40 km führt eine Stichstraße zum **Alpincenter Glocknerhaus** und weiter zum Besucherzentrum auf der **Kaiser-Franz-Josefs-Höhe.** Von dort bietet sich ein einzigartiger Blick auf das Bergmassiv des ***Großglockners** (3798 m) und die ***Pasterze,** den größten Gletscher der Ostalpen.

Beim Besucherzentrum beginnt der **Naturlehrweg Gamsgrube,** ein leicht begehbarer Panoramaweg durch hochalpines Gelände. Ambitionierte Wanderer können zwischen Glocknerhaus und Besucherzentrum dem Gletscherweg Pasterze folgen und gelangen so zum Vorfeld des Gletschers (Rundweg, 3 Std.). Doch führt auch die Gletscherbahn zum eisigen Ziel.

*Heiligenblut 17

So romantisch wie der Name ist auch die Lage des Dorfes. Majestätisch erhebt sich der Großglockner über dem Ort mit dem spitzen Kirchturm, die Berge gruppieren

Im ewigen Eis: Pasterzegletscher am Großglockner

sich zur Kulisse für ein schmuckes Dorf, in dem die spätgotische Pfarrkirche St. Vinzenz gen Himmel zu streben scheint. Mit der Bergbahn geht es von Heiligenblut zum Geotrail-Lehrpfad auf das **Schareck** in 2550 m Höhe. Seit 2008 führt auch die neue Panoramabahn vom 2200 m hoch gelegenen Fallbichl an der Großglocknerstraße auf den Berg.

Sie wollen Ihre Urlaubskasse aufstocken? Probieren Sie es im nahen **Freilichtmuseum Goldgräberdorf** doch einmal beim Goldwaschen!

*Gasteinertal 18

Erzherzog Ferdinand begründete den Ruf von **Bad Hofgastein** als edle Sommerfrische. Noch heute kommen Gäste aus aller Welt zur Kur mit dem radonhaltigen Thermalwasser oder nur zu Spaß und Entspannung in die große Alpentherme Gastein. Der Geist der

Belle Époque allerdings lebt nur noch in **Bad Gastein,** wo ehemals die High Society kurte. Wer es ruhiger mag, quartiert sich in **Dorfgastein** ein. Am Ende des Gasteinertals wurde in **Böckstein** vor rund 60 Jahren ein ***Heilstollen** entdeckt: Der hohe Radongehalt, Temperaturen von 38 bis 42 °C und die hohe Luftfeuchtigkeit wirken lindernd bei Gelenkschmerzen.

Vom Parkplatz Klammstein beim Ort **Lend** im Salzachtal führt eine **45-minütige Wanderung zur Entrischen Kirche,** einer Tropfsteinhöhle, die während der Gegenreformation als geheimer Versammlungsort der Protestanten diente (Führungen von April bis Sept., Tel. 0 64 33/76 95, www.dorfgastein.net).

Echt gut!

Info

■ **Tourismusverband**
9844 Heiligenblut
Tel. 0 48 24/2 00 10
www.heiligenblut.at

■ **Gasteinertal Tourismus**
Tauernplatz 1
5630 Bad Hofgastein
Tel. 0 64 32/3 39 30
www.gastein.com

Hotels

■ **Grüner Baum**
Kötschachtal 25][5640 Bad Gastein
Tel. 0 64 34/2 51 60
www.hoteldorf.com
In einem romantischen Seitental nahe Bad Gastein gelegenes Hoteldorf mit Spitzenküche und Beauty Farm. Der Golfclub Gastein liegt 1,5 km entfernt. ●●●

■ **Golf & Sporthotel Select**
Fürth 9][5721 Piesendorf
Tel. 0 65 42/81 70
www.hotel-select.at
Das aus mehreren Bergbauernhöfen bestehende Hotel verfügt über gemütliche Landhauszimmer und eine vielfältige Pool- und Saunalandschaft. 6 km von Zell am See entfernt geht es hier gemütlicher zu – und das Preis-Leistungs-Verhältnis stimmt. ●●

■ **Habachklause**
Habach 17][Tel. 0 65 66/7 39 00
www.habachklause.com
Ausgezeichnetes Kinderhotel mit großem Betreuungsangebot, Familienzimmern und Wellness in der Nähe von Neukirchen am Großvenediger. ●●

■ **Kärntnerhof**
Winkl 3][9844 Heiligenblut
Tel. 0 48 24/20 04
www.hotel-kaerntnerhof.com
Heubad oder Schneedusche? Originelle Wellnessangebote zeichnen das Hotel im Landhausstil aus. Der Garten liegt an der Möll – und vom Hallenbad blickt man direkt auf den Großglockner! ●●

■ **Brugger**
Marktstr. 163
5741 Neukirchen a. Großvenediger
Tel. 0 65 65/62 59
www.hotel-brugger.com
Das Hotel im nostalgischen Landhausstil liegt direkt im Ortszentrum. Die Zimmer sind klein, doch für Familien steht ein 60 m² großes Appartement zur Verfügung. Hier fühlt man sich gleich zu Hause. ●

■ **Villa Solitude**
Kaiser-Franz-Josef-Str. 16
5640 Bad Gastein
Tel. 04 64 34/51 01
www.villasolitude.com

Klein, aber fein ist die gelbe Villa im Stil der Belle Époque. Hier schlief schon manch gekröntes Haupt. Ebenso erlesen ist die Küche des 9-Zimmer-Hotels. ●●●

Hauserbauer

Mairhofen 25][5632 Dorfgastein
Tel. 0 64 33/73 39
www.hauserbauer.com

Der große Alpengasthof mit familienfreundlicher Atmosphäre und vielfältigem Bade- und Saunaangebot liegt auf 1080 m inmitten herrlicher Berglandschaft – idealer Startpunkt für Bergtouren. ●●

Restaurants

Limberghof

Bruckberg 1][5700 Zell am See
Tel. 0 65 42/5 74 07

Deftige Pinzgauer Kost in einem historischen Bauernhof, es stehen auch einige Zimmer zur Verfügung. ●

Taxhof

Hundsdorf 15][5671 Bruck
Tel. 0 65 45/62 61

Mustergültig renoviertes Haus, schöne Stuben und hervorragende Küche aus eigener ökologischer Landwirtschaft 5 km südöstlich von Zell am See an der Großglockner Hochalpenstraße. ●●

St. Johann im Pongau 19

Hauptattraktion des Ortes ist die Mitte des 19. Jhs. erbaute neugotische Pfarrkirche, die aufgrund ihrer Ausmaße auch Pongauer Dom genannt wird. Der beschauliche Ort ist ein beliebter Standort für Wanderurlauber. Spektakulär ist z.B. der Weg durch die **Liechtensteinklamm,** eine der größten Klammen der Ostalpen (5 km südlich von St. Johann). Entsprechend viele Besucher drängeln sich an schönen Tagen auf den Stegen durch die mancherorts nur 2 m breite Klamm, an deren Ende ein 50 m hoher Wasserfall wartet.

Tosende Liechtensteinklamm

Info

Tourismusverband

Am Hauptplatz][5600 St. Johann
Tel. 0 64 12/60 36
www.sanktjohann.com

Hotel

Lerch

5600 St. Johann][Tel. 0 64 12/42 51
www.hotel-lerch.at

Mittelgroßes Familien- und Wellnesshotel mit Indoor-Pool in einem gläsernen Pavillon. Nur 10 Minuten zu Fuß vom Ortszentrum entfernt. ●●

Special

Wasserwelten und Wohlfühloasen

Wellness war in Österreich schon vor über 100 Jahren modern – nur nannte man es damals Kuren, und nur die Reichen und Adeligen reisten in die Bäder der Donaumonarchie. Einige dieser Kurorte haben sich inzwischen auch der ganzheitlichen Medizin und Massagen, Schönheitsbehandlungen und Yoga verschrieben – das zumindest gab's zu Sisis Zeiten noch nicht.

Heiße Quellen im Alpenvorland

Zu Füßen der Alpen sprudelt das Wasser besonders heilkräftig aus dem Felsen: **Bad Schallerbach** im oberösterreichischen Hausruck ist bekannt für sein Schwefelwasser, das bei Rheuma und Arthritis Linderung bringen soll. Seit Neuestem gehört ein Viersternehotel zur Anlage.

Das weitläufige Erlebnisbad der Therme **Geinberg** im Innviertel mit 38 °C warmem Wasser und einem großen Wellnessbereich wird auch gerne von Tagestouristen aus Linz und Salzburg besucht.

- **Eurothermen Resort Vitalwelt**
4701 Bad Schallerbach
Tel. 0 72 49/44 00
www.vitalwelt.at][●●
- **Therme Geinberg und Vitalhotel**
Thermenplatz 1][4943 Geinberg
Tel. 0 77 23/85 01 30 15
www.therme-geinberg.at][●●

Das Kaiserbad im Gasteinertal

Zwanzigmal war der deutsche Kaiser Wilhelm I. hier zur Kur, und auch heute noch ist Bad Hofgastein ein Treffpunkt der High Society. Das radonhaltige Wasser tritt mit 45 °C aus dem Felsen und muss für Wannenbäder, Unterwassertherapien und Inhalationen auf Badetemperatur abgekühlt werden. Während man im Felsenbad in Bad Gastein und in der Alpentherme in Bad Hofgastein auf das Edelgas Radon, das den Stoffwechsel der Zellen anregt und die körpereigene Abwehrkraft steigert, verzichten muss, kann es im Gasteiner Heilstollen voll wirken. Dazu kommen in dieser Kureinrichtung in einem ehemaligen Bergwerkstollen 41,5 °C Temperatur und eine Luftfeuchtigkeit von annähernd 100 Prozent!

■ **Gasteinertal Tourismus**
Tauernplatz 1
5630 Bad Hofgastein
Tel. 0 64 32/3 39 30
www.gastein.com

■ **Gasteiner Heilstollen**
Heilstollenstr. 19][5645 Böckstein
Tel. 0 64 34/3 75 30
www.gasteiner-heilstollen.com

Kurlaub am Aussee

Schon allein die Umgebung lässt Wohlgefühl aufkommen. Unterhalb des majestätischen Dachstein, direkt am malerischen See, erwarten zwei echte Verwöhnadressen den Gast:

■ **Aktivhotel Erzherzog Johann**
Kurhausplatz 62
8990 Bad Aussee
Tel. 0 36 22/5 25 07
www.erzherzogjohann.at][●●–●●●

■ **Lindner Hotel & Spa – Die Wasnerin**
Sommersbergseestr. 19
8990 Bad Aussee
Tel. 0 36 22/5 21 08
www.lindner.de][●●●

Wein und Wellness

Auf den Hügeln der steirischen Toskana gedeiht der Wein bestens. Aufgrund vieler Heilquellen heißt der südliche Teil des Landes aber auch Thermenland. Friedensreich Hundertwasser gestaltete hier die Therme **Bad Blumau** – sie ist dank eines Abenteuerklubs vor allem für Familien ein Genuss. Die Therme im Ökoort **Bad Waltersdorf** hilft bei Rheuma und Gelenkleiden, die Burgenlandtherme in **Bad Tatzmannsdorf** bei Rückenleiden.

■ **Rogner Bad Blumau**
8283 Bad Blumau 100
Tel. 0 33 83/5 10 00
www.blumau.com
Hotel & Spa. ●●

■ **Therme Bad Waltersdorf**
8271 Bad Waltersdorf
Tel. 0 33 33/50 00
www.heiltherme.at

■ **Burgenlandtherme**
7431 Bad Tatzmannsdorf
Tel. 0 33 53/8 99 00
www.burgenlandtherme.at

■ **Thermen Wellness Hotel AVITA**
7431 Bad Tatzmannsdorf
Tel. 0 33 53/8 99 00
www.avita.at][●●●

Kärnten und Osttirol

Nicht verpassen!

- Ein Bad in der Morgenstimmung am Weißensee
- Bei einem großen Braunen im Schanigarten das mediterrane Flair von Klagenfurt genießen
- Blick auf Maria Wörth bei einer abendlichen Dinnerfahrt auf dem Wörthersee
- Die bunten Wälder im Herbst rund um den Ossiacher See
- Spätsommerliche Wanderung im Virgental

Zur Orientierung

Es ist kein Privileg Kärntens, auf Seen mit Trinkwasserqualität stolz sein zu können. Aber dass es hier deutlich wärmer ist als auf der Nordseite des Alpenkamms, macht den großen Unterschied. Malerisch und mediterran heiter ist die Atmosphäre in Kärntens Hauptstadt **Klagenfurt** und im stadteigenen Strandbad am viel besungenen **Wörthersee.** Aber Kärnten hat mehr als badewannenwarme Seen zu bieten: Landschaftlicher Höhepunkt ist der inoffizielle **Nationalpark Nockberge** im Herzen des Bundeslandes. Nichts Schroffes, vielmehr sanfte Buckel in verschiedenen Grüntönen sind zu sehen – sie brachten den Bergen in Anlehnung an die Salzburger Nockerln den Namen »Nockn« ein. Ganz anders zeigen sich dagegen die **Hohen Tauern** in **Osttirol** mit schroffen, steil aufragenden Felswänden und schneebedeckten Gipfeln. Immer wieder unterbricht das Grau und Weiß der Felsenregionen die grünen Almen und Bergwälder. Der größte Teil des **Nationalparks Hohe Tauern** gehört zum Bundesland Osttirol. Atemberaubende Gebirgsblicke bietet die Fahrt auf den Panoramastraßen entlang des Isel und im Puster-, Virgen- und Defreggertal. Abseits der Besucherströme am Großglockner und um Matrei entdeckt man in den Seitentälern kleine Bergorte, die an den Hängen zu kleben scheinen – Inbegriff des Lebens in unberührter Landschaft, wie z.B. Obertilliach im Lesachtal. Kulinarisch verbindet Kärnten österreichisches, slawisches und italienisches Erbe – und das verspricht viel Abwechslung auf der Speisekarte!

Maria Wörth am Wörthersee

Touren in der Region

Zwischen Gurktaler Alpen und Saualpe

9 Klagenfurt › Burg Hochosterwitz › St. Veit › Hüttenberg › Friesach › Gurk

Länge: 95 km
Dauer: 3 Tage
Praktische Hinweise: Nutzen Sie das attraktive Angebot der Kärnten Card. Sie kostet für 2 bzw. 5 Wochen für Erwachsene 35/50 €, Kinder 6–16 Jahre 14/24 €, ab dem 3. Kind frei (www.kaerntencard.at).

Einer Reise durch die Geschichte Kärntens gleicht die Rundfahrt entlang der Gurk. Nur wenige Kilometer nördlich von ****Klagenfurt** › S. 93, dem Startpunkt unserer Fahrt, liegt das **Freilichtmuseum von *Maria Saal** › S. 96. Die Zeit der Kelten erlebt der Besucher bei der Besichtigung des archäologischen Parks von ****Magdalensberg** › S. 96. Wie eine Bilderbuchburg thront ****Hochosterwitz** › S. 96 auf dem Felsen. Mittelalterlich wirken die Häuserensemble am Marktplatz von ***St. Veit** › S. 96, wo man im farbenfrohen Fuchspalast absteigen kann. Die Bedeutung des Erzbaus und die Faszination Tibets erkennt man bei einem Abstecher in die Sau- und Koralpe nach **Hüttenberg** › S. 97 – ein Bergwerk und das Heinrich-Harrer-Museum warten hier auf Besuch. Romantische Stimmung herrscht am mittelalterlichen Hauptplatz von ****Friesach** › S. 97. Am nächsten Tag geht es weiter zu einem der bedeutendsten Sakralbauten Österreichs, dem *****Dom zu Gurk** › S. 96. Im Gästehaus des Klosters genießt man die meditative Atmosphäre.

Radfahren am Millstätter See

Per Rad oder Auto längs der Drau nach Klagenfurt

(10) Silian › Lienz › Weißensee › Spittal a. d. Drau › Villach › Ferlach › Klagenfurt

Länge: 238 km
Dauer: 6 Tage (Rad), 3 Tage (Auto)
Praktische Hinweise: Die Tour verläuft auf befestigten Seitenwegen und kleinen Nebenstraßen. Die Anstiege zum Weißensee und nach Klagenfurt sowie längere Tagesetappen erfordern eine gute Kondition. Gemütlicher – wenn auch weniger naturnah – gestaltet sich die Strecke mit dem Auto. Dann eignen sich Weißensee und Villach für Übernachtungen.

Nahe der Quelle der Drau an der italienischen Grenze in **Silian** beginnt die Fahrt. Bergab durchs Pustertal erreicht man ****Lienz** › S. 106, die Hauptstadt Osttirols (33 km). Archäologisch Interessierte besuchen am Nachmittag die Ausgrabungsstätte **Aguntum** › S. 106 ein paar Kilometer östlich der Stadt. Am nächsten Tag führt die Strecke durch ein weites Tal entlang des Südhangs der Kreuzeckgruppe. Bei Greifenburg zweigt die Straße zum malerisch gelegenen ****Weißensee** › S. 105 ab (50 km). Nach der steilen Auffahrt ist ein Bad in kristallklarem Wasser vor herrlicher Kulisse eine Wohltat. Am folgenden Tag geht es bergab zurück nach Greifenburg und weiter bis zum Etappenziel nach **Spittal a. d. Drau ›** S. 104 (44 km). Am Folgetag lockt der ***Millstätter See ›** S. 103 mit seinem nostalgischen Flair, das Sie bei einem abendlichen Bummel durch ***Villach ›** S. 100 genießen können (38 km). An warmen Tagen lohnt ein Abstecher zum Baden im **Faaker See,** andernfalls bietet das **Warmbad Villach ›** S. 100 mit seiner Therme eine gute Alternative. Nach dieser Pause geht es frisch gestärkt nach **Ferlach ›** S. 99 (53 km). Am 6. Tag wendet sich die Tour von der Drau ab und führt mit kleinen Steigungen ins malerische ****Klagenfurt** (20 km).

Wichtige Adressen

- **Kärnten Tourismus,** Casinoplatz 1, 9220 Velden, Tel. 0 42 74/ 52 10 00, www.kaernten.at
- **Osttirol Werbung,** Albin-Egger-Straße 17, 9900 Lienz, Tel. 0 48 52/6 53 33, www.osttirol.com
- **Nationalparkbüro Hohe Tauern,** 9971 Matrei, Tel. 0 48 75/ 65 27 10, www.hohetauern.at

Unterwegs in Kärnten

**Klagenfurt 20

Dreimal schon wurde Kärntens Hauptstadt (102 000 Einw.), die »Rose am Wörthersee«, für ihre gelungene Altstadtrevitalisierung ausgezeichnet: Harmonisch wurde modernes Geschäftsleben in das Barock- und Renaissance-Ensemble integriert. Die schachbrettartige Anlage von 1534 nach Plänen des Italieners Domenico de Lalio erschließt sich am besten dem Müßiggänger: Setzen Sie sich auf dem ***Alten Platz** in eins der Straßencafés, lassen Sie sich einfach durch die Gassen treiben oder lauschen Sie in romantischen Arkadenhöfen einem Konzert. Klagenfurt ist eine Kulturstadt – Robert Musil wurde hier geboren, Ingeborg Bachmann wuchs hier auf und hielt ihre Erinnerungen in dem Roman »Jugend in einer österreichischen Stadt« fest. Der nach ihr benannte Wettbewerb führt alljährlich im Juni für eine Woche Schriftsteller deutscher Sprache zusammen.

Das Zentrum der Stadt bildet der **Neue Platz,** den der 1590 geschaffene, manieristische Lindwurmbrunnen aus grünem Chloritschiefer ziert. Angeblich trieb ein Lindwurm hier sein Unwesen, bevor der Sumpf trockengelegt wurde, auf dem dann die Stadt wuchs. Tatsächlich fand man einen mächtigen Schädel – eines eiszeitlichen Wollnashorns. Wie dieses Tier nach Klagenfurt kam, erfährt man im **Kärntner Lan-**

Der Wappensaal des Landhauses

desmuseum (Museumsgasse 2, Di–Sa 9–16 Uhr, So 10–17 Uhr). 1591 wurde der **Dom St. Peter und Paul** – damals noch eine protestantische Kirche – vollendet. Die lichte, hohe, nach dem Brand von 1704 umgestaltete Wandpfeilerkirche ist seit 1787 Sitz des Fürstbistums Gurk. Luftigkeit umfängt im Innern, fragile Stuckornamente in Weiß und ein feines Rosa auf Decke und Wänden geben der Atmosphäre etwas Heiteres. Im benachbarten **Diözesanmuseum** (Lidmanskygasse 10, Juni–15. Okt. Mo–Sa 10–12 Uhr, sonst 15–17 Uhr) werden sakrale Kunstgegenstände aufbewahrt: Die Magdalenenscheibe von 1170 ist das älteste Glasbild Österreichs. Das ****Landhaus,** ein prächtiger Renaissancebau inmitten einer Gartenanlage, ist heute der Sitz des Parlaments (Ursulinengasse 2). Den üppig bemalten Wappensaal zieren die 665 Wappen der Kärntner Landstände und Landesverweser. Nach Osten erstreckt sich das alte Stadtzentrum mit seinen Gassen und Palais rund um den Alten Platz. Gleich zum Auftakt erkennt man das **Alte Rathaus** aus dem 17. Jh. mit herrlichem Innenhof.

Info

Tourismus Information
Rathaus][Neuer Platz
Tel. 04 63/5 37 22 23
www.info.klagenfurt.at

Hotels

■ **Hotel Dermuth**
Kohldorferstr. 52][Tel. 04 63/2 12 47
www.hotel-dermuth.at
Schönes Hotel in einem Vorort im Grünen. ●●

■ **Hotel Blumenstöckl**
10.-Oktober-Str. 11
Tel. 04 63/5 77 93
www.blumenstoeckl.at
Bezauberndes kleines Hotel in der Innenstadt. ●●

Restaurants

■ **Gasthaus zum Großglockner, »Pumpe«**
Lidmanskygasse 2
Tel. 04 63/5 71 96
Uriges Bierlokal mit bodenständiger Küche, So geschl. ●

■ **Dolce Vita**
Heuplatz 2][Tel. 04 63/54 99
Mo–Fr 11–15 u. 18–24 Uhr
Das Edelbistro zählt zu den besten Italienern in Österreich. ●●●

Nightlife

Das La Vida ist eine Cocktailbar in einem der schönsten Innenhöfe der Stadt **(Herrengasse 5, Di–Sa 18–2 Uhr)**, in der Kellerbar Gallo Nero kann man so richtig abtanzen **(Pfarrhofgasse 8)**.

Karte Seite 70

Rund um den **Wörthersee 21

Besonders für Familien ein sehr beliebtes Ziel an der Strandpromenade von Klagenfurt ist ***Minimundus:** Über 100 maßstabgetreue Modelle** wie das Opernhaus in Sydney, der Tadsch Mahal oder der Wiener Prater laden zur Weltreise ein (direkt am Europapark, dem Freizeitgelände von Klagenfurt, 10. April bis 26. Okt., tgl. 9–18 Uhr, Mai–Sept. bis 19 Uhr, Juli, Aug bis 20 Uhr, Mi bis 21 Uhr, www.minimundus.at).

Um den Wörthersee liegen viele traditionsreiche Badeorte mit schönen Villen – sie lassen sich am besten auf einer Seerundfahrt erkunden. **Velden** am Wörthersee erlangte bereits im 17. Jh. als sommerlicher Treffpunkt der Aristokratie eine gewisse Berühmtheit. Heute wirkt es – zumindest in der Hochsaison – wie eine Art Alpen-Mallorca, ein Kasino darf da nicht fehlen. Sein gelbes Schloss – mittlerweile zum Luxushotel umgewandelt – ist das inoffizielle Wahrzeichen des Sees.

Von Velden lohnt der Abstecher nach **Rosegg** zur **Keltenwelt Frög.** Aus der Hallstattkultur stammt ein Gräberfeld mit Schaugrab, Wehrturm, Verbrennungsstätte und Fürstenhalle. (Ende Apr.–Mitte Okt. tgl. 10–18 Uhr, Di bis 20.30 Uhr, Tel. 06 76/ 8 42 35 02 05, www.keltenwelt.at)

Blickfang auf einer Seerundfahrt ist die Halbinsel **Maria**

Luxusresort mit Spa: Veldener Schloss

Wörth mit dem kleinen pittoresken Kirchlein. In **Pörtschach** lädt die Blumenpromenade zum Flanieren ein, oder man geht in das Strandbad auf die Schlangeninsel. Im Stift von Viktring findet im Sommer das bekannte Musikforum mit Konzerten statt (www.musikforum.at).

Info

Wörthersee Tourismus
Villacher Str. 19][9220 Velden
Tel. 0 42 74/3 82 88
www.woerthersee.at

Hotel

Hotel Schloss Seefels
Töschling 1][Pörtschach
Tel. 0 42 72/23 77][www.seefels.com
Das luxuriöse Hotel mitten im wunderschönen Park am See verwöhnt mit nostalgisch antikem Design, umfangreichem Wellnessangebot und eigenem Strand. ●●●

Zwischen Glan- und Gurktal

Nördlich von Klagenfurt gibt es eindrucksvolle Gotteshäuser, Burgen und archäologische Fundstätten zu entdecken.

*Maria Saal 22

Bekannt ist die spätgotische **Wallfahrtskirche** mit römischen Reliefs an der Außenwand und gotischem Madonnenbild am barocken Hochaltar. Das **Kärntner Freilichtmuseum** außerhalb des Ortes lädt zu einem Rundgang ein, der u.a. bäuerliche Wohnhäuser, Handwerksbetriebe und einen Kramerladen vorstellt (Mai bis Mitte Okt. Di–So 10 bis 18 Uhr, www.freilichtmuseum-mariasaal.at).

**Magdalensberg 23

Schon die Fahrt hinauf auf 1056 m ist lohnend, erst recht der herrliche Blick hinunter ins Tal der Glan. Hier oben legten Archäologen eine keltisch-römische Siedlung aus dem 1. Jh. v.Chr. frei. Vom einstigen Handelszentrum im Ostalpenraum sind heute in antiken Bauten drei kleine Ausstellungen eingerichtet: Marmor-, Holz- und Keramikmuseum (Archäologischer Park, Mai–Mitte Okt. tgl. 9–19 Uhr, www.landesmuseum-ktn.at).

**Hochosterwitz 24

Die Bilderbuchburg scheint geradezu aus dem steilen Kalkfelsen herauszuwachsen. Die Festungsanlage, deren Kern mindestens seit dem 9. Jh. existiert, wurde im 16 Jh. grundlegend umgebaut. In ihrer langen Geschichte wurde die Burg – ein Wahrzeichen Kärntens – niemals eingenommen (Mitte März–Okt. tgl. 9–17 Uhr, Mai–Sept. 9–18 Uhr, www.burg-hochosterwitz.or.at).

*St. Veit an der Glan 25

Den Hauptplatz der kleinen Stadt an der Glan umgibt ein historisches Häuserensemble, das in Kärnten seinesgleichen sucht. Besonders in den mit Sgraffitoschmuck ausgestatteten Arkadeninnenhof des **Rathauses** von 1468 sollte man einen Blick werfen. Eisenbahnfans genießen einen Besuch im **Museum** am Hauptplatz (Apr.–Okt. 9–12, 14 bis 18 Uhr, Juli/Aug. durchgehend, www.museum-stveit.at). Ein weiterer Blickfang der Stadt ist das farbenprächtige **Hotel Fuchspalast** des österreichischen Malers Ernst Fuchs. Im September lädt die **Trigonale** – das Festival Alter Musik – zum Zuhören ein (www.trigonale.com).

***Dom zu Gurk 26

In der kleinen malerischen Gemeinde steht eine der bedeutendsten romanischen Kirchen im Alpenraum. Die dreischiffige Basilika stammt aus dem 12. Jh., bis 1787 war hier der Sitz des Fürstbistums. Genauere Betrachtung lohnen der barocke **Hochaltar** mit 70 Statuen, Georg Raphael Donners letztes Werk, eine **Pietà** aus Blei sowie der spätromanische

Hoch über Kärnten thront die Burganlage Hochosterwitz

Freskenzyklus in der Westempore der Bischofskapelle und das große **Fastentuch** von 1458. Übernachtet man im Gästehaus St. Hemma des Klosters, spürt man die Ruhe und das besondere Ambiente dieses Ortes.

**Friesach 27

In Friesach existierte schon 1130 die Stadtbefestigung samt Wassergraben, der noch heute schiffbar ist. Beim politisch hochbedeutenden Friesacher Turnier 1224 fanden sich 600 Ritter und die weltlichen und kirchlichen Würdenträger des Donau-Adria-Raumes ein! Bis 1803 gehörte der Ort den Salzburger Erzbischöfen – entsprechend hat das pompöse **Haus der Bischöfe** den größten Arkadenhof (16. Jh.). Wenige Schritte westlich davon liegt der hübsche **Hauptplatz.** Von hier aus kann man in rund 15 Minuten den **Petersberg** erklimmen. Der Bergfried des ehemaligen bischöflichen **Schlosses,** heute weitgehend eine Ruine, beherbergt das Stadtmuseum mit einer Sammlung spätgotischer Schnitzkunst. Die kleine **Peterskirche** wurde bereits 927 erbaut. Jedes Jahr am letzten Wochenende im Juli wird die Stadt beim **Spectaculum** zwei Tage lang zurückversetzt in die Zeit des 13. Jhs. – einzig gültige Währung ist dann wieder der Friesacher Pfennig! (www.friesach.at)

Hüttenberg 28

Abgelegen erscheint heute das Tal der Görschitz. Der Eindruck täuscht – noch bis ins 19. Jh. war die Region von überregionaler wirtschaftlicher Bedeutung: Erzabbau lieferte wichtige Rohstoffe, zahlreiche Ortsnamen verweisen auf diese Geschichte. Sehenswert ist das sehr authentische **Schaubergwerk** bei Knappenberg. Die heutige Hauptattraktion schuf jedoch der berühmteste Sohn der

Gemeinde Hüttenberg: Das **Heinrich-Harrer-Museum** holt nicht nur die ferne Bergwelt Tibets ins Tal, auch Afrika, Südostasien und Südamerika waren seine Reiseziele. (Bergwerk und Museum April bis Okt. tgl. 10–17 Uhr, Juli/Aug. bis 18 Uhr; Heinrich-Harrer-Museum, Bahnhofstr. 12, Tel. 0 42 63/ 81 08, www.huettenberg.at)

Hotels

■ **Fuchspalast**
Prof.-Ernst-Fuchs-Platz 1
9300 St. Veit a. d. Glan
Tel. 0 42 12/4 66 00
www.hotel-fuchspalast.at
Fantasievolles und farbenprächtiges Hotel nahe dem Zentrum. ●●

■ **Metnitztalerhof**
Hauptplatz 11][9360 Friesach
Tel. 0 42 68/2 51 00
www.metnitztalerhof.at
400 Jahre altes, mit modernem Komfort ausgestattetes Haus. Schöner Wellnessbereich, Restaurant mit innovativer Küche. ●●●

■ **Gästehaus St. Hemma**
Domplatz 11][9342 Gurk
Tel. 0 42 66/82 36 14
www.dom-zu-gurk.at
Einfache, aber sehr stimmungsvolle und vor allem ruhige Unterkunft im Kloster. ●●

■ **Landgasthof Neugebauer**
Graben 6][9335 Lölling
Tel. 0 42 63/4 07
www.landgasthof-neugebauer.at
Das geschmackvoll gestaltete Landhotel liegt 29 km nordöstlich von St. Veit a. d. Glan umgeben von Hügeln und einem romantischen Garten. Liebevoll individuell gestaltete Zimmer zu erstaunlich günstigem Preis, dazu aus der von Gault Millau hochgelobten Küche regionale Spezialitäten. ●–●●

Restaurants

■ **Gasthof Erian**
Prof.-Löw-Str. 1][9342 Gurk
Tel. 0 42 66/8 22 22
www.gasthof-erian.at
Nur ein paar Schritte vom Dom, in einer Nebenstraße, liegt der stilvoll in pastelligen Tönen renovierte Gasthof, der für seine zünftige Hausmannskost viel Lob erhält. Süße Köstlichkeiten – der Eisreindling ist ein Gedicht – gibt es am Domplatz im Galerie-Café. ●●

■ **Gasthof Liegl**
St. Peter 2
9313 St. Georgen am Längssee
Tel. 0 42 13/21 24
www.gasthof-liegl.at
Sehr gelobt wird der 5 km östlich von St. Veit liegende Gasthof Liegl für seine Hausmannskost auf Gourmetniveau. In der Küche werden die besten regionalen Zutaten und Kräuter aus dem eigenen Garten verwendet (geschl.: Mo–Fr 14–17 Uhr, Okt.–Mai Di u. Mi). ●●

■ **Schenke zum Krebsen**
Neumarkterstr. 19][9360 Friesach
Tel. 0 42 68/23 36
www.schenke-zum-krebsen.at
Im Rittersaal gibt's kärntnerische Schmankalan wie Kasnudeln oder Brennesselfrittatensuppe, Hirtenpfandl und Eispalatschinken. Mo geschl., ●.

*St. Paul im Lavanttal 29

Kurz bevor die Drau über die slowenische Grenze fließt, im südöstlichen Eck von Kärnten, mündet die Lavant. Wenige Kilometer vor der Mündung liegt im Tal der Lavant das große Benediktinerstift von St. Paul. Herzstück dieses kulturellen und geistigen Zentrums der Region ist die beeindruckende romanische Stiftskirche. Die Kunstsammlungen des Klosters beherbergen wahre Schätze – zu ihnen zählen Gemälde und Grafiken, Sammlungen zur Asiatik, Numismatik und über Wunder sowie kostbare Kirchenschätze. Ab 26. April 2009 widmet sich eine große Ausstellung dem Thema Europa. In der Vinothek des Klosters erhält man köstliche Tropfen aus eigener Produktion. (Tgl. 10–18 Uhr, Vinothek am Wochenende geschlossen; www.stift-stpaul.at)

Hotel / Restaurant

Landgasthof Loigge
Hauptstr. 19][9470 St. Paul
Tel. 0 43 57/20 56][www.loigge.net
Übernachtungsmöglichkeit in geschmackvollen Zimmern und Spezialitäten aus der Mostküche. ●●

Am Fuß der Karawanken

Die wärmsten Badeseen Kärntens – die **Klopeiner Seen** 30 – liegen zwischen Klagenfurt und Völkermarkt südlich der Drau. Das sanfte Hügelland um die Seen eignet sich gut für kleine Wanderungen, zum Beispiel zum mit Seerosen bedeckten **Gösselsdorfer See** oder durch das Sablatnigmoor mit seiner artenreichen Reptilienfauna. Am **Turnersee** leben über 1000 seltene und exotische Vögel im Vogelpark Turnersee (Mitte April bis Aug. 9–16 Uhr, Tel. 0 42 39/27 07, www.vogelpark.at).

Die ***Obir Tropfsteinhöhle** 31 gehört sicher zu den Hauptattraktionen Kärntens: Das weitverzweigte Höhlennetz dieser Karsthöhle reicht bis nach Slowenien. Zu besichtigen sind die mit Lichteffekten ausgestattete Schauhöhle und das stillgelegte Blei- und Zinkbergwerk. Die Zufahrt ist nur mit Zubringerbussen von **Bad Eisenkappel** möglich (Karsamstag–Okt., Tel. 0 42 38/82 39, www.hoehlen.at, warme Kleidung und festes Schuhwerk!). Das Kurzentrum von Bad Eisenkappel ist spezialisiert auf Herz-Kreislauf-Erkrankungen, die mithilfe der kohlensäurehaltigen Quellen behandelt werden.

Ferlach 32 bietet ein Jagd- und Büchsenmuseum. Einige Kilometer südlich windet sich die Straße hinauf zum **Loiblpass.** Hier, direkt an der slowenischen Grenze liegt die grandiose **Tscheppaschlucht** 33. Auf kühnen Steigen und Brücken wandert man ca. eine Stunde entlang der wilden Wasser. Wer will, kann noch 15 Minuten weiter zum gewaltigen **Tschaukofall** im Bodental laufen (nur für trittsichere Wanderer, geöffnet Mai–Okt.).

Info

Klopeinersee Tourismus
9122 St. Kanzian][Seelach
Schulstr. 10][Tel. 0 42 39/22 22
www.klopeinersee.com

Unterkünfte

■ **Florianihof**
Seenweg 17
9122 St. Kanzian a. Klopeiner See
Tel. 0 42 39/22 74
www.florianihof-trinkl.at
Zimmer oder Appartement mit eigenem Badestrand und Schwimmbad im Familien- und Sporthotel direkt am Klopeiner See. ●●

■ **Camping Rosental**
Gottschuchen 34
9173 St. Margrethen
Tel. 0 42 26/8 10 00][www.roz.at
Echt gut! **Einer der besten Campingplätze für einen Familienurlaub** in Kärnten, große Stellplätze, Badesee sehr kindgerecht. Ca. 13 km östlich von Ferlach. ●

*Villach 34

In Villach, der zweitgrößten Stadt Kärntens (58 000 Einw.), führte schon zur Römerzeit eine Brücke über die Drau. Der ***Hauptplatz** mit schönen Bürgerhäusern vermittelt noch ein wenig historisches Ambiente und besitzt eine leicht mediterrane Atmosphäre. Im stattlichen ***Paracelsushof** aus dem 16. Jh. hat Theophrastus Bombastus von Hohenheim – besser bekannt als Paracelsus – als Kind gewohnt.

Eine regelrechte Thermalstadt ist **Warmbad Villach:** Hotels, Therme und Erlebnisbad leben von den 40 Mio. Litern Wasser, die täglich aus sechs Quellen direkt in die Badebecken sprudeln. Der Warmbaderhof strahlt die Noblesse eines großen alten Kurhotels aus.

Nur wenige Kilometer südlich von Villach liegt der kleine **Faaker See,** der tagsüber zum Baden animiert und später, wenn das Abendlicht die Konturen der anthrazitgrauen Karawanken scharf nachzeichnet, mit seiner herrlichen Lage bezaubert.

Info

Tourismus Villach
Töbringerstr. 1
9523 Villach-Landskron
Tel. 0 42 42/4 20 00
www.region-villach.at

Hotel

Karawankenhof
Kadischenallee 25
Villach-Warmbad
Tel. 0 42 42/3 00 20
www.warmbad.com
Familienfreundliches 4-Sternehotel mit großem Wellnessangebot. ●●

Restaurant

Wirt in Judendorf
Judendorfer Str. 24
9504 Warmbad Villach
Tel. 0 42 42/5 65 25][Mo geschl.
Beim Kucher-Wirt gibt's Bodenständiges und gute Weine. ●●

Ausflug ab Villach

***Bad Bleiberg** 35 ist eine klassische Sommerfrische. Besonders lohnend ist der Besuch der *Terra Mystica, ein Erlebnismuseum, das eine abenteuerliche »Fahrt zum Mittelpunkt der Erde« verspricht mit Multivisionsschauen zu den

Karte Seite 70

Sonnenanbeter und Wasserratten am Ossiacher See

Themen Bergbau, Geologie und Alchimie (Mai–Okt. tgl. 11–13, Juli, Aug. 9.30–15 Uhr, Nov.–Apr. nur Sa, www.terra-mystica.at).

*Ossiacher See 36

Nordöstlich von Villach liegt der mit 11 km Länge drittgrößte See Kärntens, ideales Badeziel im Sommer. Im **Stift von Ossiach** finden alljährlich im Juli und August einige Konzerte des Carinthischen Sommers statt, bei dem Opern, Operetten, Liederabende und Konzerte erklingen (Tel. 0 42 43/25 10, www.carinthischer sommer.at). 200 Sonnenstunden zählt man auf der **Gerlitzen.** Der Gipfel erhebt sich direkt an der Westspitze des Sees und ist mit einer Seilbahn zu erreichen. Hotels, das Alm-Bergbauernmuseum Pöllinger Hütte und zahlreiche Wanderwege machen den Berg zu einem beliebten Ausflugsziel.

Hotel

Feuerberg Mountain Resort
Bergeralm 1][9551 Bodensdorf
Tel. 0 42 48/28 80
www.hotel-feuerberg.at
Wellnessresort hoch über dem Ossiacher See mit Panoramablick. ●●

**Nationalpark Nockberge 37

Bad Kleinkirchheim 38 östlich des Millstätter Sees ist wegen des Erlebnis-Thermalbads Römerbad und des Katharinenbads bekannt. Ein großes Angebot an Hotels und Nachtleben prägen den Fremdenverkehrsort. Weitaus ruhiger geht es im höher und noch näher am Nationalpark gelegenen, kleinen Nachbarort **St. Oswald** zu, dessen Pfarrkirche Fresken aus dem 16. Jh. zeigt.

Kärntens inoffiziellen **Nationalpark Nockberge** erkundet

man am besten entlang der **Nockalmstraße** zwischen Ebene Reichenau und Innerkrems. Diese 35 km lange, mautpflichtige Strecke bringt den Reisenden von Mai bis Oktober vorbei an Lärchen- und Zirbenwäldern sowie ausgedehnten Almflächen bis ins Zentrum des Nationalparks. Leuchtend rot begrüßen die Almwiesen der Hochlagen den Gast im Sommer, wenn das Heilkraut Speik blüht. Höchster Punkt der Straße ist die **Eisentalhöhe** auf 2180 m. Bergbau- und Almmuseen entlang der Straße informieren über das Leben, naturkundliche Informationen erhält man auf der **Grundalm,** der **Glockenhütte** und auf dem **Naturlehrweg Windebensee.** Günstigster Ausgangspunkt für Wanderungen ist **Innerkrems** 39, ein alter Bergbauort mitten in den Nockbergen am Nordrand des Nationalparks. (Nationalpark Verwaltung, 9565 Ebene Reichenau 117, Tel. 0 42 75/6 65 www.nationalparknockberge.stream.at oder weitere Infos unter www.nockalmstrasse.at)

Hotel

Biohof Seidl
Rottenstein 7
9546 Bad Kleinkirchheim
Tel. 0 42 40/2 74
www.biohof-seidl.at
Ferienwohnungen und 1 Zimmer vermietet man auf diesem Biobauernhof. Ruhe in der gesunden »ausgependelten« Umgebung genießen oder am Bauernhofleben teilnehmen – beides ist möglich, Bioprodukte zum Frühstück sind selbstverständlich. ●●

Shopping

Bei **World Spirits** bekommen Sie hervorragende Schnäpse, die ihren Preis wert sind **(Unterschterner Weg 43, 9546 Bad Kleinkirchheim, Tel. 0 42 40/7 60, www.world-spirits.com)**

*Gmünd 40 im *Maltatal

In der Künstlerstadt Gmünd haben sich die mittelalterliche Stadtmauer und Teile des **Alten Schlosses** erhalten. Die restaurierte **Alte Burg** steht beherrschend über der Stadt und wird für Ausstellungen, Theater und Konzerte genutzt – das Burgrestaurant ist auch für Familien eine gute Adresse. Im **Porsche-Museum** dreht sich erwartungsgemäß alles um die schicken – alten – Flitzer (Mitte Mai–Mitte Okt. 9–18 Uhr, sonst 10–16 Uhr, www.porsche-museum.at).

28 km lang ist die ***Malta-Hochalmstraße.** Sie windet sich in weiten Serpentinen zur Kölnbreinsperre auf 2000 m hinauf. Unterwegs eröffnen sich immer neue Blicke auf Wasserfälle und Felsformationen. Hier, inmitten einer richtigen Bilderbuchlandschaft, hat man sich ganz auf den Urlaub mit Kindern spezialisiert.

Hotel

Gourmetbauernhof Mentebauer
Unterkreuschlach 9][9853 Gmünd
Tel. 0 47 32/27 69
www.gourmetbauernhof.at
Ideal auch für Familien mit Kleinkindern und Babys. ●●

Karte Seite 70

Eine der hübschen alten Villen in Millstatt am Millstätter See

*Millstätter See 41

Der See vereint auf engstem Raum alle Vorzüge Kärntens. Er hat kulturelle Schätze ebenso zu bieten wie stille landschaftliche Schönheiten, auch wenn man ihm das nicht gleich ansieht: Bereits an seinem Westzipfel tummeln sich Sonnenhungrige, Wassersportler und Wanderer in beängstigender Zahl. Doch der See besitzt auch etliche Refugien, vor allem am Südufer. In ***Millstatt** bezaubern die mehr als 100 Jahre alten Villen mit ihren Erkern und Türmchen. Im 1070 gegründeten ehemaligen Benediktinerstift, zu dem die Stiftskirche, der Kreuzgang und das Stiftsmuseum gehören, kann man leicht eine Stunde verweilen.

Die modernen Skulpturen an der Seepromenade gehen auf die Kunstinitiative »1000 Statuae« zurück: Nach einer Legende ließ bei der Gründung von Millstatt der Hl. Domitian um 700 n.Chr. heidnische Götzenstatuen in den See kippen, um den Aberglauben auszurotten. Nach über 1000 Jahren scheinen sie wieder aufzuerstehen: Internationale Künstler meißeln eifrig an neuen Statuen.

Info

Millstätter Tourismus
Thomas-Morgenstern-Platz 1
9871 Seeboden][Tel. 0 47 66/3 70 00
www.millstaettersee.at

Hotel

Alpenrose
Obermillstatt][9872 Millstatt
Tel. 0 47 66/25 00
www.biohotel-alpenrose.at
Biohotel mit Vollwertküche, Naturmedizin, Aroma- und Musiktherapie sowie chinesischen Heilverfahren. ●●

Restaurant

Possegger
Gschriet 13][Ferndorf
12 km südlich von Döbriach
Tel. 0 42 46/73 19
Einheimische unter sich, bei einem sagenhaften Blick über den See; Produkte aus eigener Landwirtschaft. ●

**Spittal an der Drau 42

Ein historisches Häuserensemble umgibt den Hauptplatz von Spittal, sein Prunkstück ist das ***Schloss Porcia.** Im weiten Arkadenhof des dreigeschossigen florentinischen Renaissancebaus werden im Sommer Komödien aufgeführt (Karten beim Tourismusbüro, Burgplatz 1, Tel. 0 47 62/ 5 65 02 20, www.spittal-drau.at).

In **Teurnia** bei St. Peter im Holz, einige Kilometer westlich von Spittal, siedelten schon Kelten und Römer. Tiburnia war im 6. Jh. Verwaltungssitz der Provinz Norica. Reste von Thermen, dem Forum und ein gut erhaltenes Bodenmosaik sowie allerlei Fundstücke sind im Römermuseum zu besichtigen (Mai–Mitte Okt. Di bis So 9–17 Uhr, Tel. 0 47 62/ 3 38 07, www.landesmuseum-ktn.at).

Gailtal

Im ruhigen Gailtal am Rande der Karnischen Alpen sind noch keine Bettenburgen entstanden. Bei **Hermagor** 43 liegt das Freizeit- und Sportparadies für Familien: die **Naturarena Kärnten** mit dem kleinen, aber feinen Badeidyll Pressegger See. Ein Goldgräbercamp, Piraten und Wikingerrafting, geführte Schlauchbootkanadiertouren und ein Kinderklettergarten stellen nur einen Teil des Angebots im Erlebnispark dar (www.naturarena.com).

Einige Kilometer westlich davon lockt die **Sonnenalpe Nassfeld** (www.nassfeld.at), eine herrliche Alm- und Skiregion mit Blick in die Julischen Alpen, die Hohen Tauern und die Dolomiten.

Kötschach-Mauthen 44 ist ein weiteres touristisches Zentrum der Region. Auch hier sind Familien bestens versorgt – die Aquarena verwöhnt mit einem vielfältigen Wasserspiel- und Wellnessangebot (Di–So 10 bis 20 Uhr, www.aquarena.info).

*Lesachtal

Trotz großem Outdoor-Angebot ist das Lesachtal im Oberlauf der Gail sehr ursprünglich. Geruhsam und idyllisch ist der Urlaub auf einem Bergbauernhof. Frische Milch, selbst gebackener Kuchen und Brot, Käse aus eigener Produktion – und schon nimmt der Gast Anteil an dem bergbäuerlichen Leben. An die vielen Mühlen, die früher im Lesachtal für ein Zubrot sorgten, erinnert das Freilichtmuseum Luggauer Wassermühlen in **Maria Luggau.** Im Bilderbuchdorf **Obertilliach** mit seinen urigen Holzhäusern dreht noch ein Nachtwächter seine Runden.

Karte Seite 70

Info

Tourismusbüro
9640 Kötschach-Mauthen 390
Tel. 0 47 15/85 16][www.koemau.at

Hotel

Kinderhotel Hubertushof
Kameritsch 1][9620 Hermagor
Tel. 0 42 85/2 80
www.kinderhotel-hubertushof.at
5 Teddys und 4 Smileys hat sich das Familienhotel im Stil eines großen Bauernhofes schon verdient! Besonders das vielfältige Animations- und Betreuungsprogramm in herrlicher Natur garantiert einen vergnüglichen Familienurlaub. ●●

Restaurant

Landhaus Kellerwand
Mauthen 24
9640 Kötschach-Mauthen
Tel. 0 47 15/2 69
Der **Inbegriff der Kärntner Küche,** Sissy Sonnleitner schwingt hier den Kochlöffel. ●●

Echt gut!

**Weißensee 45

Der lang gestreckte See ist ein Juwel unter den Kärntner Seen. Sein glasklares und warmes Wasser, die Ruhe der Umgebung und die Lage vor dem Gebirgspanorama der Karnischen Dolomiten machen ihn zu einem echten Paradies. Aufgrund seiner Wasserqualität und der behutsamen Erschließung wurde er mit dem Europäischen Preis für Tourismus und Umwelt ausgezeichnet. Dennoch findet man ein reiches Sportangebot: Tauchbasen, eine Wasserskischule, Schlauchbootfahrten oder Raftingtouren und Kajakkurse nutzen das Wasser,

Außergewöhnliche Konzertbühne am Weißensee

geführte Mountainbike-Touren und Übungen auf dem Technikparcours der Naggleralm locken Radler in die Berge.

Info

Tourismus Weißensee
Techendorf 78][9762 Weißensee
Tel. 0 47 13/2 22 00
www.weissensee.com

Hotel

Ferienhotel Nagglerhof
Naggl 2][9762 Weißensee
Tel. 07 13/21 06
www.nagglerhof.com
Ruhig gelegenes, kleines Hotel im Landhausstil direkt am See mit Bademöglichkeiten. Helle, freundliche Zimmer und ein gutes Frühstücksbuffet. ●●

Unterwegs in Osttirol

**Lienz 46

Das Gebiet um die Hauptstadt Osttirols (13 000 Einw.) war schon früh besiedelt, wie Funde aus der Illyrer- und Römerzeit beweisen. Nur 5 km östlich der Stadt legten Archäologen Teile der ältesten römischen Talsiedlung in Österreich frei: Aguntum wurde um 50 n.Chr. gegründet. Ein Ausschnitt aus einer Küche, fast original römisch gekleidete Puppen und ein virtueller Rundgang durch Aguntum lohnen den Besuch des **Museums** (Sommer tgl. 9.30–16 Uhr, sonst bis 18 Uhr, Tel. 0 48 52/ 6 15 50, www.aguntum.info).

Lienz' Innenstadt wirkt südländisch – kein Wunder, prägten doch nach den Görzer Grafen ab 1501 die aus Südtirol stammenden Grafen Wolkenstein-Rodenegg die Bauweise. Ihnen diente das **Rathaus** am Hauptplatz einst als Stadtresidenz. Die Schweizer Gasse führt zum 1210 erbauten **Dominikanerinnen-Kloster** und zur **Riepler-Schmiede** (Schaubetrieb Juni–Okt. Di, Sa ab 16 Uhr, im Winter ab 15 Uhr).

Ein Spaziergang am Flussufer endet bei **Schloss Bruck** im Westen der Stadt. Die Trutzburg der Herren von Görz stammt aus dem 12./13. Jh. und beherbergt das Osttiroler Heimatmuseum mit Gemälden Osttiroler Künstler, Fundstücken aus Aguntum und Werkzeugen der Osttiroler Bergbauern (Mitte Mai bis Aug. tgl. 10–18 Uhr, Sept./Okt. Di–So 10–16 Uhr, Tel. 0 48 52/6 25 80, www.museum-schlossbruck.at).

Info

Tourismusverband Lienzer Dolomiten
Europaplatz 1][9900 Lienz
Tel. 0 48 52/6 52 65
www.lienz-tourismus.at

Hotel

Parkhotel Tristachersee
Amlach][9900 Lienz
Tel. 0 48 52/6 76 66
www.parkhotel-tristachersee.at

Karte Seite 70

Am Ufer des kleinen Badesees 3 km südl. von Lienz, Restaurant mit prämierter Küche. ●●●

Restaurant

Gasthof Gribelehof
Schlossberg 10][9900 Lienz
Tel. 0 48 52/6 21 91
Wunderschönes altes Haus mit Bauernstube von 1771, Gastgarten, eigene Landwirtschaft. ●●

Die Täler Osttirols

Sonnenschein und ein herrliches Gebirgspanorama sind im hoch gelegenen **Pustertal** 47 fast garantiert. Die Geschichte der weltlichen Gerichtsbarkeit von 1499 bis heute erläutert die vorbildlich zusammengetragene Sammlung im Schloss Anras, der ehemaligen Sommerresidenz der Bischöfe von Brixen (Mo–Fr 10–12 Uhr und 14–17 Uhr, So 15.30–17.30 Uhr, Tel. 0 48 46/65 95, www.schloss-anras.at).

Im bezaubernden, 35 km langen ***Defereggental** 48 nordwestlich von Lienz sind noch viele alte Holzhäuser erhalten. Ratzell hoch über Hopfgarten ist ein Kuriosum: Die acht Höfe, die in 1500 m Höhe am Hang kleben, sind nur durch eine Seilbahn mit dem Tal verbunden. Sie wird in Bewegung gesetzt, wenn man das Telefon in einer Holzhütte in Döllach betätigt.

Im **Virgental** 49 findet man noch intakte Dorfstrukturen. Im Weiler Ganz beeindrucken die romanischen Fresken der Kirche *St. Nikolaus (Schlüssel im Nachbargebäude). Eine Attraktion anderer Art sind die ***Umbalfälle** am Ende des Tals. Ab Ströden kann man zur Pebellalm wandern (ca. 30 Min.), dort beginnt der Wasserschaupfad entlang dem Bach Isel zu den Fällen.

Raureif im Defereggental, dem bekanntesten der Osttiroler Täler

Hotels

- **Hotel & Resort Defereggental**
Bruggen 84
9962 St. Veit i. D.
Tel. 0 48 79/6 64 40
www.hotel-defereggental.com
Ideal für Gourmets und Weinliebhaber, die Ruhe in der Natur suchen. ●●●

- **Gasthof Olcherhof**
St. Andrä 53
9974 Prägraten
Tel. 0 48 77/52 37
www.olcherhof.at
Typischer Osttiroler Gasthof. ●●

Blick über Matrei, überragt von der imposanten Gebirgswelt

Matrei 50

Umgeben von über 150 Dreitausendern und eingebettet in eine der großartigsten Hochgebirgslandschaften Österreichs, hat der Tourismus Matrei fest im Griff. Groß ist die Auswahl an Hotels und Sportmöglichkeiten. Kunsthistorisch interessant ist das romanische Kirchlein St. Nikolaus mit seinen romanischen Fresken.

Am Felbertauern-Südportal zweigt eine Straße zum Matreier Tauernhaus zu Füßen des Großvenediger (3674 m) ab. Von dort kann man in ca. 90 Minuten zu den ***Gschlössalmen** wandern – von Kennern häufig als schönster Talschluss der Alpen gerühmt.

Echt gut! **Ein dreitägiges Abenteuer verspricht der Große Tauerntreck** von Matrei aus: Haflinger schleppen das Gepäck in Höhen zwischen 1700 und 3300 m. Dazu gibt es Hüttenromantik und einen dreieckigen Bergsee beim Abstieg vom Löbbentörl (mehrere Termine werden im Juli und August angeboten, www.matrei.at).

Hotels

■ **Gannerhof**
Innervillgraten 93][Matrei
Tel. 0 48 43/52 40
www.gannerhof.at
Biobauernhof im Villgratental auf 1400 m Höhe. ●●

■ **Genießerhotel Rauter**
Rauterplatz 3][9971 Matrei
Tel. 0 48 75/66 11
www.hotel-rauter.at
Vier-Sterne-Hotel mit hervorragendem Restaurant im Zentrum von Matrei, extra Angebot zum Fliegenfischen. ●●●

Steiermark und Burgenland

Nicht verpassen!

- Ein Picknick am Schlossberg mit Blick auf die Altstadt von Graz
- Nicht nur Bücherwürmer begeistert die prächtige Bibliothek im Stift Admont
- Eine Fahrt mit dem Hauly im Bergwerk von Eisenerz
- Einen Tag Wellness in der fantasievollen und farbenprächtigen Anlage von Bad Blumau
- Eine Fahrt im Herbst auf einer der Weinstraßen im Süden der Steiermark

Zur Orientierung

Ein kultureller Höhepunkt einer Reise durch Österreich ist die zum UNESCO-Weltkulturerbe gehörende Altstadt von **Graz,** Landeshauptstadt der Steiermark sowie bedeutende Universitätsstadt mit studentischem Flair.

Wein, Thermen und Schlösser begleiten den Reisenden im **Süden** der Steiermark.

Eingebettet zwischen Dachstein, Radstädter und Schladminger Tauern liegt das **Tal der Enns,** das sich seinen Bergbauerncharme trotz regen Wintersportbetriebs bewahren konnte. Mit dem **Naturpark Sölktäler** und dem **Nationalpark Gesäuse** bietet es auch im Sommer eine großartige Kulisse für Wanderungen.

Das **Murtal,** eingerahmt von den Niederen Tauern im Norden und den Gurktaler Alpen im Süden, war schon früh ein wichtiges Siedlungsgebiet – Holz war das wichtige Produkt von der Krakau bis Murau. Im Gebiet um den **Naturpark Grebenzen** mit seinen Wäldern, Wiesen und dem klaren Wasser hatten sich schon die Kelten niedergelassen.

Ein Blumen- und Wanderparadies ist der **Hochschwab,** an dessen Nordflanke die **Salza** Kajak- und Wildwasserfreunden ideale Bedingungen bietet. Um den Ort Eisenerz baut man seit Jahrhunderten Erzvorkommen ab. Der Schriftsteller Peter Rossegger stellte die **Waldheimat** in den Fischbacher Alpen in den Mittelpunkt seiner Erzählungen – seine Landschaftsbeschreibungen gehören zu den schönsten der österreichischen Literatur.

Der **Neusiedlersee im Burgenland** ist Europas größter Steppensee. Salzteiche, die im Sommer austrocknen können, und die steppenartige Puszta machen den

Erzherzog Johann und seine Steiermark

Johann Baptist, 1782 als neuntes Kind Kaiser Leopolds II. geboren, liebte seine Steirer: »Für solche Menschen wäre ich fähig, alles zu tun. Für unsere Stadtherren mit ihren wurmstichigen Herzen weniger oder gar nichts.« In der Steiermark suchte der naturverbundene, freiheitsliebende Habsburger Ruhe vor den Intrigen des Wiener Hofs und Abstand vom restaurativen Kanzler Metternich; hier wurde er zum großen Industriereformer. Er regte Rationalisierungen im Bergbau an und gründete eine Bergbau-Lehranstalt. Weinbau, Landwirtschaft, Versicherungswesen und weitere Bereiche profitierten von seinen Ideen. Im Brandlhof bei Mariazell verbrachte er viel Zeit – unter anderem wegen der Postmeisterstochter Anna Plochl, mit der ihn eine tiefe Liebe verband, die jedoch erst spät durch eine Ehe sanktioniert wurde.

Karte Seite 112

Das Städtchen Murau mit seiner frühgotischen Stadtpfarrkirche

Seewinkel zum einzigartigen Landschaftserlebnis, in das malerisch kleine, idyllische Orte und barocke Bauten eingestreut sind. Bei einer Fahrt durchs Burgenland wandelt man auf den Spuren des Magnatengeschlechts der Esterházys: **Eisenstadt, Burg Forchtenstein** und **Burg Lockenhaus** waren ihre Hauptwirkungsstätten. Hier in Österreichs kleinstem Bundesland weiß man Kultur zu zelebrieren: Zahlreiche Musikfestivals in Wiesen, St. Margarethen oder Jennersdorf und die Theaterfeste in Güssing bieten niveauvolle Unterhaltung.

Touren in der Region

Rundreise durch die Hochsteiermark

(11) Leoben › Burg Rothenfels bei Oberwölz › Murau › Schladming › Admont › Mariazell

Länge: 320 km
Dauer: 5–7 Tage
Praktische Hinweise: Diese Rundfahrt unternimmt man am besten mit dem Auto.

Die Tour durch den Westen der Steiermark führt von **Leoben** › S. 128 die Mur aufwärts. Vom Stadtturm in **Judenburg** › S. 123 bietet sich ein schöner Blick auf das Tal und die historische Handelsstadt. Das Silber verhalf dem alten Bergbauort **Oberzeiring** › S. 123 im kleinen Seitental der Pöls zu Wohlstand. Nach einer Nacht in der Burg von **Rothenfels** bei **Oberwölz** › S. 124 besucht man das Stift von **St. Lambrecht.** Das **Naturparkzentrum Viva-**

11 **Rundreise durch die Hochsteiermark** Leoben › Burg Rothenfels bei Oberwölz › Murau › Schladming › Admont › Mariazell

Karte Seite 112

rium bei Neumarkt interessiert Alt und Jung. Guten Schlaf garantiert die saubere Luft im für seine Holzhäuser bekannten Ort **Murau** › S. 124. Am nächsten Tag geht es über die Erzherzog-Johann-Straße, eine schmale Passstraße, ins ****Ennstal.** Man quert die liebliche Landschaft des ***Naturparks Sölktäler** › S. 125 – ein herrlich geruhsames Wandergebiet. Möchte man das **Dachsteingebirge** erkunden, so übernachtet man im Ferienzentrum **Schlad-**

(12) **Schlösser, Thermen und Wein** Bad Blumau › Feldbach › Bad Gleichenberg › Klöch › Bad Radkersburg › Kitzeck › Stainz

ming › S. 124, Eilige fahren weiter bis **Admont** › S. 125. Hier sollte man mindestens zwei Nächte bleiben, um Zeit für die Besichtigung des ***Klosters und den ***Nationalpark Gesäuse zu haben › S. 126. Danach geht es ins ***Tal der Salza** › S. 127: Grünblau schimmert das klare Wasser. Wem eine Raftingtour um **Wildalpen** › S. 127 zu nass ist, der kann wandern. Beschauliche Ruhe verspürt man in ***Mariazell** › S. 128, dem letzten Übernachtungsort.

Schlösser, Thermen und Wein

(12) Bad Blumau › Feldbach › Bad Gleichenberg › Klöch › Bad Radkersburg › Kitzeck › Stainz

Länge: 200 km
Dauer: 7 Tage
Praktische Hinweise: Radler mit guter Kondition können die Tour mit dem Fahrrad unternehmen (ca. zwei Wochen). Informationen gibt die Broschüre »Genussradeln« (www.radfahren-steiermark.at, Steirisches Thermenland, Radersdorf 75, 8263 Großwilfersdorf, Tel. 0 33 85/6 60 40).

Eine Fahrt durch das steirische Thermenland beginnt man am besten mit einem Wellness- und Badetag in ***Bad Blumau** › S. 120, wo die von Friedensreich Hundertwasser gestaltete Therme allein schon ein architektonisches Erlebnis darstellt. Hexen und Greifvögel wohnen auf der ****Riegersburg** › S. 120, Besucher sind besser in **Feldbach** (Übernachtung; › S. 121) untergebracht. Schokoladige Verführungen warten bei Zotter in **Bergl** › S. 120, nostalgische Atmosphäre im traditionellen kleinen Badeort **Bad Gleichenberg.** Weinberge säumen die **Klöcher Weinstraße** › S. 121, wo man in der Vinothek in **St. Anna am Aigen** edle Tropfen verkostet und in **Klöch** übernachtet › S. 122. Auch dem hübschen Thermenort ***Bad Radkersburg** › S. 120 sollten Sie einen ganzen Tag widmen, bevor Sie längs der Mur nach **Leibnitz** weiterfahren. Dort zweigt die **Sausaler Weinstraße** › S. 122 ab – hier warten Weinprobe und Bett in **Kitzeck.** Dicht an der slowenischen Grenze entlang führt die ***Südsteirische Weinstraße** › S. 121, und noch eine rebenhaltige Route wartet auf Erkundung: Durch das Weststeirische Hügelland geht es zur ***Schilcher Weinstraße** › S. 122 – zwischen **Eibiswald** und **Stainz** (Übernachtung, › S. 123) wächst ein ganz besonderer Wein.

Wichtige Adressen

- **Steirische Tourismus GmbH,** St.-Peter-Hauptstr. 243, 8042 Graz, Tel. 03 16/4 00 30, www.steiermark.com
- **Burgenland Tourismus,** Schloss Esterházy, Tel. 0 26 82/63 38 40, www.burgenland.info

Karte Seite 116

Unterwegs in der Steiermark

7 ***Graz 1

Graz ist eine Stadt der Straßencafés und Beisln – man trifft sich am **Franziskanerplatz** Ⓐ unweit der Mur oder am großen **Hauptplatz** Ⓑ. Seine Südseite nimmt das 1893 fertiggestellte Rathaus ein; am auffälligsten ist das Haus am Luegg an der Ecke zur Sporgasse. Auf dem Platz herrscht jeden Tag reges Markttreiben. Von hier führt die Herrengasse zum ****Landhaus** Ⓒ, seit 1494 Versammlungsort der steirischen Landstände. Domenico dell'Allio machte daraus von 1557–65 den schönsten Renaissancebau von Graz – im prächtigen Innenhof finden im Sommer Konzerte statt. Das benachbarte ***Landeszeughaus** Ⓓ bewahrt eine umfangreiche Waffensammlung aus der Zeit der Türkenkriege.

Interessante Einblicke in die Erd- und Naturgeschichte gibt das ***Landesmuseum Joanneum** Ⓔ (Raubergasse 10, Palmsamstag–Okt. tgl. 10–18 Uhr, sonst nur mit Führung Mo–Sa 10–15, So 10–16 Uhr). Dependancen des Landesmuseums sind über die ganze Stadt verteilt: Über den Hauptplatz erreicht man die **Neue Galerie** Ⓕ im Palais Herberstein (Sackstr. 16, Di–So 10–18 Uhr), die sich auf Kunst vom 19. Jh. bis in die Gegenwart konzentriert. Das **Volkskundemuseum** Ⓖ illustriert anschaulich Kultur und Lebensweise in der Steiermark in vorindustrieller Zeit (Paulustorgasse 11–13 a, Di–So 10–17 Uhr). Hierher führt die Sporgasse, von

Über den Dächern von Graz

der aus man den 473 m hohen **Schlossberg** ersteigen kann. Nicht nur als Aussichtsberg, sondern auch mit seinem herrlichen Park erfreut er Grazer und Besucher. Der 28 m hohe **Uhrturm** H wurde 1809 von Grazer Bürgern angekauft, um ihn vor dem Abriss zu bewahren. Zuverlässig zeigt er die Stunden an – mit vertauschten Zeigern!

Im ***Stadtpark** I plätschert der Stadtparkbrunnen, der zur Wiener Weltausstellung 1873 erbaut und später von den Grazer Stadtvätern gekauft wurde. Seine Seitenbrunnen schmücken heute die Place de la Concorde in Paris.

Die ***Leechkirche** J wurde 1202 als erste Grazer Kirche gegründet und Ende des 13. Jhs. gotisch verändert. Ihr Netzrippengewölbe und die Glasmalereien der Fenster hatten Vorbildfunktion für viele andere Kirchen.

1462 vollendet wurde der spätgotische ***Dom** K mit barocker Innenausstattung. Ungewöhnlich ist seine breite Halle, die durch einen Triumphbogen vom Chor getrennt ist. An der südlichen Außenwand haben sich Reste eines

A Franziskanerplatz
B Hauptplatz
C Landhaus
D Landeszeughaus
E Landesmuseum Joanneum
F Neue Galerie
G Volkskundemuseum
H Uhrturm
I Stadtpark
J Leechkirche
K Dom
L Mausoleum
M FRida & frED Museum

Karte Seite 116

spätgotischen Freskos (1485) erhalten. Es thematisiert die großen Plagen jener Zeit: Pest, Heuschrecken und den Türkenansturm.

Das ***Mausoleum** Ⓛ wurde 1638 als Grabmal für Kaiser Ferdinand II. errichtet und gehört zu den wenigen Gebäuden aus der Übergangszeit vom Manierismus zum Barock.

! Kinder finden das **FRida & frED Kindermuseum** Ⓜ toll (Friedrichgasse 34 im Augarten Mo, Mi, Do 9–17, Fr 9–19, Sa, So 10–17 Uhr, info.fridaundfred.at).

Info

Graz Tourismus
Herrengasse 16][8010 Graz
Tel. 03 16/8 07 50
www.graztourismus.at
www.regiongraz.at.

Hotels

■ **Erzherzog Johann**
Sackstr. 3–5][8010 Graz
Tel. 03 16/81 16 16
www.erzherzog-johann.com
Familiäres Hotel in einem Barockpalais mitten in der Altstadt, herrlicher Wintergarten, schöne Bar. ●●●

Über dem Stadtpark: der Uhrturm

■ **Schlossberg Hotel**
Kaiser-Franz-Josefs-Kai 30
8010 Graz][Tel. 03 16/8 07 00
www.schlossberg-hotel.at
Liebevoll restauriertes Traditionshotel am Fuße des Schlossbergs nahe der Mur. In diesem Kunsthotel kombiniert man zeitgenössische Kunst, Antiquitäten und modernen Luxus. ●●●

Zwei neue Wahrzeichen

Das turbulente Jahr als europäische Kulturhauptstadt 2003 hat der steirischen Metropole zwei neue Wahrzeichen beschert: Eine »Plaza für das 21. Jahrhundert« ist die **Insel in der Mur,** in Stahl und Glas konzipiert vom New Yorker Designer Vito Acconci. Das **Kunsthaus** der britischen Architekten Peter Cook und Colin Fournier wurde östlich der Hauptbrücke in der Murvorstadt als lichtdurchflutetes Gebäude errichtet, das die Spannung zwischen Tradition und Avantgarde veranschaulichen soll. Es beherbergt Wechselausstellungen moderner Kunst (Lendkai 1, Di–So 10–18 Uhr, Do bis 20 Uhr, Tel. 03 16/80 17 92 00, www.kunsthausgraz.at).

■ **Drei Raben**
Annenstr. 43][8020 Graz
Tel. 03 16/71 26 86
www.bestwestern.at
Das gemütliche Mittelklassehotel liegt zentral, nur 10 Minuten vom Bahnhof und der Altstadt entfernt. Man hat die Wahl zwischen den geräumigen Zimmern zur Straße oder den etwas kleineren und ruhigeren Zimmern auf der Rückseite des Hauses. ●●

Restaurants

■ **café.restaurant.mayers**
Sackstr. 29][8010 Graz
Tel. 03 16/81 33 91][Mo–Fr 17–24 Uhr
Stararchitekt Günther Domenig gestaltete das Altstadthaus am Fuß des Schlossbergs, im 3. Stock mit Blick über die Dächer der Stadt wird erlesene mediterrane Küche serviert. ●●

■ **Iohan**
Landhausgasse 1][8010 Graz
Tel. 03 16/82 13 12][www.iohan.at
Echt gut! In historischen Gewölben des Landhauses speist man exquisit, die **Kreationen der Küche sind fantasievoll und von hoher Qualität.** ●●●

■ **Magnolia**
Mehlplatz 3
Tel. 03 16/82 38 35
8010 Graz
Mo–Fr 11.30–14.30 und 17.30 bis 23.30 Uhr
Der junge Stern am österreichischen Küchenhimmel, Herbert Schmidhofer, zaubert kulinarische Genüsse mit Haubenqualität: Kalbshaxnravioli, St.-Pierre-Filet oder Trüffelrisotto. ●●●

Nightlife

■ Die Szene trifft sich in den Kneipen und Bierlokalen um die Universität. Rund um Glockenspiel-, Mehl- und Färberplatz reiht sich ein Lokal ans andere. Der **Humboldtkeller (Humboldtstr. 3, Mo geschl.)** gilt als eine der beliebtesten Musikkneipen.

■ Während der **Styriarte** im Juni/Juli und im **Steirischen Herbst** (Sept./Okt.) gibt es **renommierte Kunstfestivals** mit Beiträgen aus Theater, Musik, Literatur und Malerei. Info: **Festivalbüro, Sackstr. 17, Tel. 03 16/82 50 00, www.styriarte.com; Tel. 03 16/82 30 07, www.steirischerherbst.at.**

Shopping

Auf dem **Bauernmarkt** am Kaiser-Josef-Platz werden steirische Produkte frisch vom Hof verkauft (Mo–Sa 6–13 Uhr). Hochwertiges Kunsthandwerk bietet das **Steirische Heimatwerk** in der **Herrengasse Nr. 10.**

Grazer Umland

*Schloss Eggenberg 2

3 km westlich von Graz ließ Fürst Ulrich ab 1625 dieses italienische Prunkschloss erbauen. Das Gebäude besitzt Innenräume mit üppiger Rokokoausstattung und -bemalung. Reichtum und Macht dokumentieren die Fenster: 365 an der Zahl – inklusive Scheinfenstern! Das Schloss beherbergt heute Römersteine, Exponate der Vor- und Frühgeschichte sowie Münzen. Seit Kurzem zeigt die Alte Galerie hier Werke der europäischen Malerei und Skulptur von der Romanik bis zum Barock. (Prunkräume Palmsamstag–Okt. Di–So Führungen 11, 12, 14, 15, 16 Uhr, Gärten und Park tgl. 8–19 Uhr, Nov.–März nur bis 17 Uhr)

Karte Seite 112

*Freilichtmuseum Stübing 3

Eine Vorstellung vom bäuerlichen Leben gibt das Freilichtmuseum mit mehr als 100 historischen Bauten aus verschiedenen Regionen Österreichs. Dieses neue alte Dorf liegt in einem idyllischen Tal 15 km nordwestlich von Graz. Handwerksvorführungen, Kurse und ein Kinderprogramm machen die Vergangenheit lebendig. (Ende März–Okt. Di–So 9 bis 17 Uhr, Tel. 0 31 24/5 37 00, www.stuebing.at)

Die Lurgrotte 4

Riesige Kalksteinablagerungen faszinieren in Österreichs größter Karsthöhle. Von zwei Seiten aus wurde das riesige Höhlensystem für Besucher erschlossen: Von **Peggau** aus erkundet man bei einer ein- bzw. zweistündigen geführten Tour die unterirdische Tropfsteinwelt. Von Semriach ausgehend ist es der große Dom der Höhle, der mit speziellen Licht- und Klangeffekten verzaubert. Kinder begeistert der bunte Bummelzug von Semriach zum Höhleneingang. (Peggau: April bis Okt. 9–16 Uhr, Führungen zur vollen Stunde; Semriach: 15. April bis Okt. 10–16 Uhr, Hauptführung 11, 14, 15.30 Uhr, www.lurgrotte.at).

**Bärnbach und *Piber

Friedensreich Hundertwasser gestaltete die Kirche **St. Barbara in **Bärnbach** 5. Krumme und bucklige Wege führen unter Torbögen hindurch – fröhliche Bunt-

Die Hundertwasserkirche von Bärnbach

heit und Leichtigkeit im typischen Hundertwasserstil. Sehenswert ist auch das **Glas-Center** (Mo–Fr 9–17, Sa 9–13 Uhr, www.stoelzle.com).

Die Lipizzaner kamen nach **Piber** 6, 3 km westlich von Bärnbach, weil es ihnen in Wien zu kalt war. Im hiesigen *Lipizzanergestüt fühlen sich die edlen Pferde augenscheinlich wohl. Beim Besuch kommt man ins Staunen: Die wenigsten Pferde sind weiß! Die Fohlen kommen dunkel zur Welt, werden zwischen dem dritten und siebten Lebensjahr grau und erst mit 10 Jahren zum Schimmel (Di–So 9–17.30, www.lipizzanerwelt.at).

Steirisches Thermenland

*Schloss Herberstein 7

Nahe Bad Blumau liegt das seit 1290 in Familienbesitz befindliche Haus. Die Schauräume zeigen das Leben einer adligen Familie im 19. Jh., ein Nebengebäude ist den Werken des Künstlers Bruno Gironcoli gewidmet, und im ehemaligen Wirtschaftstrakt befindet sich das Kunsthaus, eine Plattform für Wechselausstellungen. Bei Kindern besonders beliebt ist der Tier- und Naturpark mit 140 Tierarten aus aller Welt. Nicht nur an schönen Tagen spaziert man gerne durch die prachtvollen Gärten (Apr, Okt. 10–16 Uhr, Mai bis Sept. 9–17 Uhr, Dez.–Feb. Sa, So 10–16 Uhr, www.herberstein.co.at).

Die **Riegersburg 8

Die Riegersburg wurde ab dem 12. Jh. mehrfach aus- und umgebaut. Mit elf Basteien, sieben Toren, drei Kilometern Mauer und hundert Räumen zählt sie zu den größten Burganlagen Mitteleuropas. Das **Hexenmuseum** erinnert an die Zeit zwischen 1546 und 1746, als allein in der Steiermark 300 Hexen hingerichtet wurden. In der **Vogelwarte** der Burg gibt es täglich Greifvogel-Flugschauen. Nicht nur den Geruchssinn spricht das **WeinDuftikum** am Burgaufgang an. (April, Okt. 10 bis 17 Uhr, Mai–Sept. 9–17 Uhr, www.riegersburg.com)

In **Bergl** in der Nähe von Riegersburg entstehen die handgeschöpften Schokoladenkreationen von Zotter. Eine **Verkostungstour durch die süße Vielfalt** ist für alle Schleckermäuler ein Genuss. (Mo–Sa 8–19 Uhr, www.zotter.at)

E

Hotels

Schloss Kapfenstein
8353 Kapfenstein bei Bad Gleichenberg][Tel. 0 31 57/3 00 30 30
www.schloss-kapfenstein.at
März–Dez.
Fantastischer Blick auf Slowenien, Ungarn und Kärnten, überaus romantisch

Steirisch-burgenländisches Thermalbadeland

Kein Geringerer als Friedensreich Hundertwasser gestaltete Wellnesshotel und ***Therme Rogner Bad Blumau.** Inmitten grüner Wiesen wird der Gast mit einem umfangreichen Wellnessangebot verwöhnt. Neueste Errungenschaft ist die Tote-Meer-Salzgrotte für erholsame Entspannung in salzhaltiger Luft und wohliger Wärme (Rogner Bad Blumau, Tel. 0 33 83/5 10 00, www.blumau.com, ●●●).

Bad Gleichenberg ist seit 160 Jahren Thermalbad, Villen und Hotels im Stil des späten Biedermeier und des Historismus prägen den Ort. Auch ***Bad Radkersburg,** das für Denkmalpflege ausgezeichnete Thermalbad mit hübscher Altstadt, bietet sich für genussvolle Wellnesstage an (Tourismus Büro Steirisches Thermenland, Radersdorf 75, 8263 Großwilfersdorf, Tel. 0 33 85/6 60 40, www.thermenland.at).

Echt gut!

Von den Römern inspiriert, bieten die **südburgenländischen Thermen** in Bad Tatzmannsdorf, Stegersbach und Loipersdorf ein **modernes Erholungs- und Sportprogramm rund um die Heilquellen** (www.thermenwelt.at).

Karte Seite 112

Der Burgberg der Riegersburg war schon vor 6000 Jahren besiedelt

eingerichtete Zimmer und ein hervorragender Küchenchef – da fühlt man sich doch rundum wohl! ●●

■ **Landgasthof Herbst**
Gniebing 15][8330 Feldbach
Tel. 0 31 52/27 41][www.herbst.co.at
Extravagante architektonische Details verleihen den Zimmern Charme. Lob verdienen die regionalen Schmankerln, der Wein stammt aus der Gegend. 12 km sind es zur nördlich gelegenen Riegersburg und 15 km zum südlich gelegenen Bad Gleichenberg. ●–●●

Shopping

Steirische Spezialitäten wie Kürbiskernöl und nach altem Geheimrezept hergestellten Turmschinken bekommt man in der **Vinothek & Turmschinkerei Fink** in Riegersburg (**Tel. 0 31 53/8 21 64 03**).

Steirisches Weinland

Auf der **Klöcher Weinstraße** 9 zwischen Bad Radkersburg und Fehring lohnt sich der Halt an der **Gesamtsteirischen Vinothek in St. Anna** am Aigen und in der **Traminer Vinothek** in **Klöch.** Nach einer Verkostung fällt der Einkauf leicht, und wer allzu tief ins Glas geschaut hat, übernachtet am besten hier.

Echt gut!

Das Anbaugebiet ***Südsteirische Weinstraße** verläuft entlang der slowenischen Grenze. Hier werden einige der besten Weißweine Österreichs gekeltert. Ein Winzerbetrieb reiht sich an den nächsten – und besonders im Herbst bieten die Rebberge um **Gamlitz** 10 ein farbenfrohes Bild. Von hier ist es nicht weit zum **Schloss Seggau** bei Leibnitz, das 860 von den Erzbischöfen von Salzburg gegründet und Mitte des 17. Jhs. neu gestaltet wurde. Hauptattraktionen sind neben einer Sammlung römischer Denkmäler die barocke Schlosskapelle, das Fürstenzimmer und der über 300 Jahre alte Weinkeller (Schlossführungen Mai–Okt. Sa 15 Uhr, So 11 Uhr; Kellerführung mit

An der Schilcher Weinstraße

Weinverkostung ganzjährig Sa 15.30 Uhr, Voranmeldung Tel. 0 34 52/8 24 35 76 00).

Die **Sausaler Weinstraße** 11 im Tal der Sulm erreicht man von Leibnitz, vorbei an steilen Hanglagen geht es in das hoch gelegene Weindorf **Kitzeck.** Ein Weinmuseum und viele Gasthöfe und Buschenschenken locken zu ausgiebigen Weinproben.

Der Schilcher – ein herber Roséwein – gab der ***Schilcher Weinstraße** 12 zwischen Stainz und Eibiswald ihren Namen. Das Schloss über **Stainz** erwarb 1840 Erzherzog Johann, der nur wenig später seine Untertanen vom Zehnten erlöste und prompt 1850 zum Bürgermeister gewählt wurde. In **Deutschlandsberg** kann man von der Burg die Sicht auf das Schilcherland genießen oder widmet sich im Burgmuseum der Frühgeschichte dieses Landstriches (Mitte März–Mitte Nov. 10–19 Uhr, Tel. 0 34 62/56 02).

Info

Süd & West Steiermark
Hauptplatz 34
8530 Deutschlandsberg
Tel. 0 34 62/4 31 52][www.sws.st

Hotels

Hotel-Restaurant Schöne Aussichten
Hochwarth][Gruisla 10
8493 Klöch][Tel. 0 34 75/75 45
www.schoeneaussichten.at
Weit reicht der Blick über die sanften Hügel, echt steirische Gemütlichkeit

Der Heurige

»Heuriger« bezeichnet sowohl den jungen, im letzten Jahr gekelterten Wein als auch den Ort, an dem er genüsslich mit Gleichgesinnten konsumiert wird. Ein echter Heuriger – in dem Fall ist das Lokal gemeint – darf nur drei Monate im Jahr geöffnet haben. Zu dieser Zeit ist dann »ausg'steckt«: Ein Föhrenbuschen zeigt an, dass Gäste willkommen sind. Prinzipiell dürfen im Buschenschank, wie dieser Ort der Weinseligkeit auch genannt wird, zum Essen nur Eigenerzeugnisse angeboten werden. Dieser Brauch stammt aus der Zeit Maria Theresias und verhalf den Weinbauern damals zu einem Nebenverdienst.

Karte Seite 112

mit einer Kombination aus Holz und gediegenem Komfort machen das Hotel zu einem idealen Quartier nach einer Weinprobe. ●–●●

■ **Gasthof Engelweingarten**
Max-Geschiel-Str. 41][8510 Stainz
Tel. 0 34 63/23 81
www.engelweingarten.at
Große, liebevoll und unterschiedlich gestaltete Zimmer, familiärer Service und ein uriges steirisches Restaurant bietet das Landhotel über den Weinbergen. ●●

■ **Genießerhotel Weinhof Kappel**
Steinriegel 25][8442 Kitzeck
Tel. 0 34 56/23 47
www.weinhof-kappel.at
Holz gibt den Naturzimmern ein gemütliches Flair, elegant wirken die Räume im Landhaus, nach den Regeln von Feng-Shui gestaltete man die Suiten im Wellnesshaus, das Weingut liefert edle Tropfen. ●●

Restaurants

■ **Jagawirt**
Sommereben 2
8510 St. Stephan ob Stainz
Tel. 0 31 43/81 05][Mi geschl.
Für Liebhaber deftiger steirische Küche die rechte Einkehr. Saisonal gibt es Wild- und Fischgerichte. ●

■ **Schilcher Buschenschank Trapl**
8510 St. Stephan ob Stainz
Tel. 0 34 63/8 10 82
Für all jene, die keinen Schilcher mögen, serviert man auch weniger resche Varianten, wenn gewünscht zur Brettljausen. ●

■ **Sattlerhof**
Sernau 2 a][8462 Gamlitz
Tel. 0 34 53/44 54][So/Mo geschl.
Überaus gelungene Mischung aus bäuerlicher Bodenständigkeit und mediterraner Eleganz – sowohl bei den Räumlichkeiten wie bei den Speisen. Dafür gab's schon 2 Hauben. Erlesene Weißweine von Willi Sattler. ●●

■ **Staribacher**
Grottenhof 5][Leibnitz/Kaindorf
Tel. 0 34 52/8 25 50
www.staribacher.at
So Abend geschl.
Steirische Krenterrine, Kalbsrücken auf Kräuterschwammerl oder **Marillen im Tempurateig** kombiniert mit heimischen Spitzenweinen, in drei gemütlichen Räumen und auf einer Veranda. ●●

Echt gut!

*Murtal

Die Mur entspringt im Salzburger Lungau in den Hohen Tauern und mündet nach 453 km nahe der kroatisch-ungarischen Grenze in die Drau.

In der Römerzeit und im Mittelalter war **Judenburg** **13** ein wichtiges Handelszentrum der Steiermark. Vom Stadtturm blickt man weit übers Land und auf das historische Häuserensemble am Hauptplatz – seit 2006 geht der Blick sogar in die Sterne, steht hier doch eines der modernsten Planetarien.

Silber brachte den Einwohnern von **Oberzeiring** **14** Wohlstand. Im alten Bergwerk wurde 1950 ein Schaubergwerk eingerichtet (Führungen finden Mai–Okt. 9.45, 11, 13.45, 15 Uhr statt, Tel. 06 76/9 76 14 55). Zufällig entdeckte man die Heilwirkung der Bergwerksluft bei Atemwegserkrankungen, die Therapie im Heilstollen wird im Kurbetrieb ergänzt durch Methoden der traditionellen chinesischen Medizin (Tel. 0 35 71/2 81 16 10, www.heilstollen.at).

Nördlich der Mur liegt im schönen Lachtal das malerische, fast vollständig von einer Stadtmauer umgebene mittelalterliche Städtchen **Oberwölz.**

Gute Luft garantiert der Wald um **Murau** **15**. Beherrschend steht Schloss Obermurau über dem Ort (Mitte Juni–Mitte Sept. mit Führungen), der nicht nur für Schlosskonzerte und sakrale Kunst bekannt ist, sondern auch für sein Bier – das Braumuseum beweist es (Führungen Mai bis Okt. Fr 15–17 Uhr, Mai–Sept. auch Mi).

Neumarkt

Eine der Hauptattraktionen der Gegend ist das Vivarium in Mariahof bei **Neumarkt** **16**. Eingebettet in eine Teichlandschaft, beherbergt es **Österreichs größtes Süßwasseraquarium mit Piranhaanlage,** Wellnessbereich und Café (tgl. 9–21 Uhr, Tel. 0 35 84/20 05, www.vivarium.at). Hier befindet sich auch das Naturparkzentrum des **Naturparks Zirbitzkogel-Grebenz,** einer almreichen Wanderregion.

Echt gut!

Info

Urlaubsregion Murtal
Burggasse 3][8750 Judenburg
Tel. 0 35 72/4 42 49][www.murtal.at

Hotels

Burg Rothenfels
8832 Oberwölz
Burg: Tel. 0 35 81/82 08
Camping: Tel. 7 69 80
www.rothenfels.at
Wer will nicht einmal auf einer echten Ritterburg nächtigen? Auf Burg Rothenfels bietet sich die Gelegenheit. Es stehen Zimmer, Ferienwohnungen oder am Fuß der Burg ein Campingplatz zur Auswahl. ●–●●

Zum Brauhaus
Raffaltplatz][8850 Murau
Tel. 0 35 32/24 37
www.brauhaus-murau.at
Mitten im Zentrum am Ufer der Mur gelegen, besitzt das Hotel im alten Brauhaus Tradition. Kräftige Farben und ein modernes Mobiliar verleihen den Zimmern eine frische Atmosphäre. ●●

Restaurant

Lercher's Panorama
Schwarzenbergstr. 10][8850 Murau
Tel. 0 35 32/24 31][www.lercher.com
Kleines Feinschmeckerlokal in dem seit 1704 bestehenden Murauer Gasthof Hotel Lercher in der Altstadt. ●●

* *Ennstal

In **Radstadt** – idealer Einstieg für eine Erkundung des Ennstals – lädt der historische Ortskern zum Bummel ein. Das Heimatmuseum im Kapuzinerturm und Schloss Lerchen erzählen von der Geschichte des Ortes.

Schladming **17** lebte lange Zeit vom Silber-, Kupfer- und Bleierzabbau in den Schladminger Tauern. Im Bruderladenhaus von 1681 hat man vielerlei Exponate zur Heimat- und Naturgeschichte gesammelt. Die evangelische Kirche mit ihrem wunderschönen

Karte Seite 112

Ebenso prunkvoll wie umfassend: Klosterbibliothek von Stift Admont

Flügelaltar ist die größte der Steiermark. Heute ist der Ort das Tor zum Dachstein und in die Schladminger Tauern.

490 km Wanderwege warten im und um den ***Naturpark Sölktäler.** Ursprüngliche Natur macht die kleinen Seitentäler der Niederen Tauern zum erholsamen Urlaubsgebiet. Das Entdecken seltener Pflanzen und Tiere, ein Bad in den Naturseen, Schloss Großsölk oder der Hochseilgarten sind Erlebnisse für Jung und Alt. Steil und in vielen Kurven windet sich die panoramareiche Erzherzog-Johann-Straße entlang dem Naturpark aus dem Ennstal bis zur Mur.

8 ***Stift Admont 18

Ein kultureller und optischer Genuss ist das Benediktinerstift Admont mit seiner weltgrößten **Klosterbibliothek** von 1776. Herrliche Malereien, Stuckaturen und Skulpturen zieren sie. Neben den Räumlichkeiten sind manche der Bücher selbst Kunstwerke von unschätzbarem Wert: Seit der Klostergründung im Jahr 1074 sammelten die Mönche Bücher – mehr als 200 000 sind es mittlerweile! Darunter 1400 Handschriften und über 530 Drucke, die vor 1500 n. Chr. entstanden. Die sieben Deckenfresken der Bibliotheksräume zeigen den Weg des Menschen vom selbstständigen Denken und Sprechen über die Wissenschaft zur wahren Erkenntnis. Das **Stiftsmuseum** zeigt kunsthistorische, naturhistorische und moderne Exponate. Im Juli und August gibt es freitags abends **spezielle Museumsführungen für Kinder.** Echt gut! (Bibliothek und Museum Mitte März

Herbstliche Farbenpracht an der Enns unterhalb schroffer Kalkfelsen im

bis Okt. 10–17 Uhr, www.stiftadmont.at)

Die **Stiftskirche** wurde nach einem Brand 1865 auf ihren romanisch-gotischen Fundamenten in neugotischem Stil wieder aufgebaut. Der Marienaltar und ein gotisches Kruzifix überstanden das Feuer.

***Nationalpark Gesäuse 19

Östlich von Admont verengt sich das Tal der Enns, tief hat sich der Fluss ins Gebirge eingeschnitten und eine der größten Schluchten Europas geschaffen, das Gesäuse. 2003 stellte man die Landschaft mit ihren steilen Felswänden, den Almen und Auwäldern unter den Schutz eines Nationalparks. Das Gesäuse ist ein Dorado für erfahrene Bergsteiger und Kletterer. Mit Glück sieht man eines der drei Adlerpaare über dem Dachsteinkalk der Hochregionen kreisen. 250 Millionen Jahre Erdgeschichte können im Nationalpark-Pavillon **Gstatterboden** erkundet werden. Gstatterboden liegt im Herzen des Nationalparks, 15 km östlich von Stift Admont (Mai–Okt. Mo–Fr 8 bis 18 Uhr). Im **Weidendom** in Krumau lockt die Natur den Forschergeist (Juli–Sept. Mi–So 13 bis 18 Uhr, www.nationalpark.co.at). Geübte Bergsteiger wandern in **bis zu 9 Tagesetappen auf dem Gesäusehüttenweg** oder erklimmen eine der zahlreichen Kletterrouten. Zehn bewirtschaftete

Nationalpark Gesäuse

Berghütten ermöglichen im Sommer Übernachtungen.

Info

Tourismusverband Schladming-Dachstein
Ramsauerstraße 756
8970 Schladming
Tel. 0 36 87/2 33 10
www.schladming-dachstein.at

Hotels

■ **Landhaus Amadeus**
Stoderstr. 878][8962 Gröbming
Tel. 0 36 85/2 38 39
www.landhaus-amadeus.at
Das nach baubiologischen Gesichtspunkten errichtete Landhaus verfügt über Familienappartements und sehr behagliche Zimmer. Es liegt am Ortsrand der kleinen Gemeinde am südöstlichen Fuß des Dachsteins, 20 km östlich von Schladming. ●●

■ **Gasthof Admonterhof**
Bahnhofstr. 161][8911 Admont
Tel. 0 36 13/23 23
www.admonterhof.at
In der familiären Atmosphäre des einfachen Gasthofs fühlt man sich sofort wohl. Schlichte, aber hübsche Doppel- oder Dreibettzimmer, ein Familienappartement. ●

■ **Landhotel Puttererseehof**
Aigen 13][8943 Aigen im Ennstal
Tel. 0 36 82/22 52 00
www.puttererseehof.at
Gemütlicher Gutshof mit gutem Preis-Leistungs-Verhältnis, Kinderbetreuung, idyllischem Badesee, 10 km westlich von Liezen und 20 km westlich vom Stift Admont. In der Nähe erhebt sich der Grimming, Steiermarks höchster Berg. ●●

■ **Laussabauer Reiterhof**
Bichl 7][8932 Weissenbach/ Enns bei Altenmarkt
Tel. 0 36 32/6 03
www.laussabauer.at
In der Nähe von Altenmarkt liegt der Biobauernhof mit großem Freizeitangebot wie Kanufahren, Reitmöglichkeiten und Nordic Walking. Kulinarisch verwöhnt man Sie mit Syria Beef vom hofeigenen Biorind. ●●

Rund um den Hochschwab

*Salzatal

Im Norden des schroffen Kalksteinmassivs des Hochschwab liegt das Naturschutzgebiet der Salza. Am Wildwasserzentrum in **Wildalpen** starten viele Kajak-

und Raftingtouren zu einer eindrucksvollen Fahrt auf dem Fluss (Tel. 0 36 36/4 66, www.wildwasserzentrum.naturfreunde.at, www.wildalpen.at). Trittsichere Wanderer können die Klausschlucht auch trockenen Fußes von Greith oder Weichselboden aus erkunden. Pilger aus ganz Europa zieht es zur spätromanischen Marienstatue in der Basilika von ***Mariazell** **20**. Den Hochaltar schuf kein Geringerer als J. B. Fischer von Erlach.

Beliebt bei Wanderern und Kletterern ist die gämsen- und blütenreiche, über 2000 m hohe Bergregion Hochschwab um den Kurort **Aflenz.** Eine Seilbahn führt zur Bürgeralm, dem Startpunkt vieler Wanderungen.

An der Steirischen Eisenstraße

Ein wichtiges Zentrum der Eisenerzverarbeitung war **Hieflau** **21** am Eingang zum Ennstal. Interessant ist der Besuch im Köhlerzentrum, wo u.a. die Herstellung von Holzkohle gezeigt wird (Montanmuseum Hieflau, Mai–Okt. Mo bis So 10–12, 15–17 Uhr).

Um Erzabbau dreht sich alles in **Eisenerz:** Das Abenteuer Erzberg bietet mit Schaubergwerk und Führungen über- und untertage interessante Einblicke in die Montanindustrie. Höhepunkt ist sicher eine Fahrt mit dem Hauly. (Tel. 0 38 48/32 00, www.abenteuer-erzberg.at).

Vordernberg beherbergt das Radwerk 4, einen Hochofen mit Museum, sowie die stattlichen Häuser der Hammerherren und Radmeister. Im 19. Jh. verlagerte sich der Schwerpunkt der Eisenverarbeitung nach **Leoben** **22**, der heute zweitgrößten Stadt der Steiermark.

Info

Die Hochsteiermark
Pestalozzistraße 12
8670 Krieglach][Tel. 0 38 55/4 55 70
www.hochsteiermark.at

Hotels

■ **Zum Kirchenwirt**
Neustädterstr. 4][8630 Mariazell
Tel. 0 38 82/34 53 40
www.mariazell.at
Schön renoviertes Gasthaus in der Nähe der Basilika. Gelungene Kombination von historischer Bausubstanz und modernem Design und Komfort. ●●

■ **Falkenstein Hotel & Spa**
In der Au 1–3][8700 Leoben
Tel. 0 38 42/40 50
www.falkensteiner.com
Moderner Hotelkomplex am Ortsrand. Licht und zeitgenössische Funktionalität bestimmen das Innere. Im großen Asia Spa-Bereich werden alle Wellnesswünsche erfüllt. ●●

Restaurant

Brauhaus
Wienerstr. 5][8630 Mariazell
Tel. 0 38 82/25 23
www.bierundbett.at
In den historischen Gewölben des ältesten Gebäudes der Stadt gibt es **preisgekrönte Gerichte zu hauseigenem Bier.** Sudkessel und Hopfenlaube im Garten schaffen ein gemütliches Ambiente. ●●

Die *Waldheimat

Die Waldheimat wurde um die Jahrhundertwende durch den Schriftsteller Peter Rosegger bekannt. In diesem waldreichen Teil der Fischbacher Alpen lebten die Bergbauern mehr schlecht als recht von ihren kargen Böden. Die Region ist sehr ursprünglich geblieben und dünn besiedelt. Die sanften Landschaftsformen wirken beruhigend – eine ideale Gegend für lange Wanderungen.

An der Mürz

Johannes Brahms kam gern zum Komponieren nach **Mürzzuschlag** **23**. Inspiration dazu fand er auf ausgedehnten Wanderungen – der 4,5 km lange Brahmsweg erinnert an den großen Musiker. Für Radfahrer gibt es vor Ort eine eigene Karte mit zahlreichen Tourenvorschlägen. Skisport einmal anders: Das Wintersportmuseum (Wiener Str. 13) erzählt von Helden auf Brettern, aber auch Eishockey und Bobfahrten (mit Simulator) kommen nicht zu kurz.

Liebhaber sakraler Kunst wird es zum Zisterzienserkloster von **Neuberg a. d. Mürz** ziehen. Überwältigt vom Raumeindruck der gotischen Hallenkirche Mariä Himmelfahrt übersieht man leicht die wertvollen Details der Innenausstattung. Im Juli und Oktober finden klassische Konzerte im Rahmen der Neuberger Kulturtage und des Neuberger Herbstes statt (Kartenverkauf: Hauptplatz 8, 8692 Neuberg a. d. Mürz, Tel. 06 64/4 34 52 36, www.neuberger-kulturtage.org).

Roseggers Heimat

Im einstigen Landhaus des Schriftstellers Peter Rosegger in **Krieglach** wurde ein Museum mit Erinnerungsstücken, Karten und Briefen eingerichtet. In seinem Studierstüberl nebenan ist das

Als ich der Waldbauernbub war

Peter Rosegger wurde 1843 als Sohn eines Waldbauern geboren. Bittere Armut, aber auch tiefe Liebe zur Natur bestimmten seine Kindheit. Der künstlerisch überaus begabte, für die Landwirtschaft zu schwache Bub lernte zunächst das Schneiderhandwerk, bis ein Zeitungsredakteur auf ihn aufmerksam wurde und ihn förderte. 1877 veröffentlichte er »Waldheimat«, einen Band mit Kinder- und Jugenderinnerungen, 1888 »Jakob der Letzte«, ein heftig diskutiertes Werk zur Lage der Bauern. Rosegger äußerte sich kritisch über das Leben in der Stadt und versuchte, seinen Lesern den Zauber der Natur nahezubringen. Sein dringendstes Anliegen war es, die Lebensbedingungen der Bauern zu verbessern. Förderung und Ausbildung der Kinder sollten die Abwanderung bremsen: »Hier werdet ihr nicht reich, aber nie so arm und verlassen, wie ihr's in der Fremde werden könnt«.

Karte Seite 112

Heimatmuseum untergebracht. Ein Denkmal und sein schlichtes Grab sind weitere Dichter-Pilgerpunkte. (April–Okt. Di–So 9–17, Nov.–März 10–16 Uhr)

In **Alpl** steht das Waldschulhaus, eine ehemalige Volksschule, die Peter Rosegger mit einer großen Spendenaktion aus der Taufe hob, um den Kindern der Bauern Schulbildung zu ermöglichen. Von hier aus geht es in einer halben Stunde hinauf zu Roseggers Geburtshaus, dem Kluppeneggerhof. (April–Okt. Di–So 9–17 Uhr, Geburtshaus auch Nov.–März 11–16 Uhr)

Info

Oststeiermark
Radersdorf 75
8263 Großwilfersdorf
Tel. 0 33 85/2 10 90
www.oststeiermark.com

Hotel

Clubdörfl Waldheimathof
8671 Alpl/Krieglach
Tel. 0 38 55/82 51
www.waldheimathof.at
Wie ein kleines Dorf wirkt die Familien-Wellness-Hotelanlage in den Fischbacher Alpen – das ideale Domizil für alle, die Natur genießen und Ruhe suchen. Die große Familienwasserwelt mit See, Sauna und Poollandschaft lässt keine Langeweile aufkommen. ●●

Restaurant

Gasthof Holzer
8692 Neuberg an der Mürz
Tel. 0 38 57/83 32
www.hubertholzer.com
Do–So, Mai–Okt. auch Mo bis 14 Uhr
Der Familienbetrieb mit Gästezimmern 12 km nordwestlich von Mürzzuschlag serviert Gault-Millau-gekrönte steirische Küche zu moderaten Preisen. ●●

Unterwegs im Burgenland

9 **Neusiedlersee

Am Ostufer

Hinter Weiden am See beginnt der ruhige Teil des Seewinkels. Ein idealtypisches Dorf der als »Hoadboden« bezeichneten Heidelandschaft zeigt das ***Dorfmuseum Mönchhof** 24. Wohnhäuser, Werkstätten, Milchhaus, Schrotmühle und Kirche des Freilichtmuseums laden Besucher zum Verweilen ein (März–Okt. Di bis So 10–18.30 Uhr, Juni–Aug. tgl., Tel. 0 21 73/8 06 42, www.dorfmuseum.at). Im Museumsladen kann man Marmeladen, Wein und Schnaps erstehen.

Inmitten eines Gartens liegt das ehemalige kaiserliche ****Schloss Halbturn** 25 von 1710, es zählt zu den schönsten Barockbauten Österreichs. Im Innern gibt es außer dem Deckenfresko von Anton Maulpertsch im Großen Saal hochkarätige Wechselausstellun-

Karte Seite 112

Ländliche Idylle mit Storchennest in Apetlon

gen und Konzerte (Ausstellungen: Di–So 10–18 Uhr, www.schloss halbturn.com).

In **Frauenkirchen** 26 dominiert die barocke **Wallfahrtskirche den Hauptplatz. Die Vorgängerkirchen des 1702 vollendeten Gotteshauses wurden mehrmals zerstört, das Gnadenbild einer stillenden Madonna überstand wundersam alle Angriffe.

Podersdorf 27

Das Ufer des Neusiedlersees ist an den meisten Stellen von einem breiten, dichten Schilfgürtel umgeben und deshalb für Badegäste schwer zugänglich; lediglich in Podersdorf gibt es einen längeren schilffreien Abschnitt mit Liegewiesen. Aufgrund der geringen Tiefe ist im Sommer die Wasserqualität nicht immer die beste. Im Ort kann die einzige vollständig erhaltene Windmühle des Seewinkels besichtigt werden (Mai bis Okt.).

***Nationalpark Neusiedlersee

Ungarn und Österreich teilen sich das UNESCO-Weltnaturerbe. Geschützt wird die einmalige Steppenlandschaft mit ihren Salzteichen und den vielen bedrohten Vögeln und Pflanzen. Von **Illmitz** 28 und **Apetlon** aus lassen sich die Salzlacken leicht erkunden, am besten mit dem Fahrrad oder im Rahmen einer Führung. Einen ersten Einblick erhält man im Nationalparkzentrum Hauswiese am südlichen Ortseingang von Illmitz. (Tel. 0 21 75/3 44 20, www.nationalpark-neusiedlersee-seewinkel.at, Apr.–Okt. Mo–Fr 8–17, Sa, So 10–17 Uhr, Nov. bis März Mo–Fr 8–16 Uhr)

Burgenland][Neusiedlersee

Schilfschnitt am Neusiedlersee

Hotel

Rosenhof
Florianigasse 1][7142 Illmitz
Tel. 0 21 75/22 32][www.rosenhof.cc
Heurigenrestaurant mit eigenem Weingut, herrlichem Garten und einigen Hotelzimmern. ●●

Restaurant

Im Knappenstöckl
Schloss Halbturn][7131 Halbturn
Tel. 0 21 72/8 23 90
www.knappenstoeckl.at
Di–So 10–22 Uhr
Stilvoll speist man im Schlossrestaurant. Serviert wird raffiniert verfeinerte regionale Küche. ●●

Shopping

Gute Weine in großer Auswahl und Antiquitäten kann man in der Vinothek Antikes & Wein verkosten und zu reellen Preisen erwerben (**Schloss Halbturn, April–Dez. Di–So 10 bis 18 Uhr**). In Sailer's Vinothek gibt es ebenfalls hervorragende Weine aus der Region (**Kirchenplatz 27, Frauenkirchen, Tel. 06 64/4 10 96 97, www.sailers.at, Mo, Di geschl.**).

Westlich vom Neusiedlersee

**Eisenstadt 29

Die Hauptstadt des Burgenlandes wartet mit einer sehr anmutigen Innenstadt auf. Ihren westlichen Abschluss bildet ****Schloss Esterházy** – die mittelalterliche Burg der Familie Kanizsai wurde ab 1663 von Carlo Martino Carlone umgestaltet. Im Innenhof feixen groteske Fratzen von der Wand: Die Baumeister bekamen von den Hofbeamten zu wenig zu essen und rächten sich mit wenig schmeichelhaften Porträts. Fürst Nikolaus Esterházy förderte Joseph Haydn, dessen bescheidenes Wohnhaus in der nach ihm benannten Gasse zu besichtigen ist. Von Mitte Juli bis Mitte Oktober erklingen die **Haydn-Festspiele** (Festspielbüro, Schloss Esterházy, Tel. 0 26 82/6 18 66, www.haydnfestival.at). Das **Burgenländische Landesmuseum** beschäftigt sich mit Geschichte, Volkskunst, Naturkunde und Weinkultur. Wenige Schritte entfernt ermöglichen das **Jüdische Museum** mit dem **Jüdischen Friedhof** einen Blick auf die jüdische Gemeinde, die von 1388 bis 1938 in Eisenstadt lebte.

St. Margarethen

Im hiesigen Steinbruch schlugen schon die Römer Baumaterial aus dem Leithakalk. Auch Teile des Wiener Stephansdoms bestehen aus diesem Material. Heute ist die Kraterlandschaft, in der nach wie vor abgebaut wird, zugleich eine riesige Künstlerwerkstatt: In den Sommermonaten arbeiten hier Bildhauer aus aller Welt. Zwischen den Skulpturen im Steinbruch werden im Juli und August Opern und alle fünf Jahre Passionsspiele aufgeführt, nächster Termin ist 2011 (Festspielbüro, Kirchengasse 20, Tel. 0 26 80/21 00, www.ofs.at, Römersteinbruch, Apr.–Okt. tgl. 9–18 Uhr, Tel. 0 26 80/21 88, www.roemersteinbruch.at)

*Rust 30

Einfach schön ist das Ensemble von Bürgerhäusern aus Barock und Renaissance. Über allem wachen im Sommer zahlreiche Störche. Fast so berühmt wie die Fischerkirche (15. Jh.) mit ihren Wandmalereien sind die Heurigenlokale des Ortes. In der **Österreichischen Weinakademie** kann man alles über den edlen Rebensaft lernen. Dabei helfen Weinseminare, eine Bibliothek und natürlich am besten die Vinothek (Hauptstr. 31, Tel. 0 26 85/6 85, www.weinakademie.at).

Info

Eisenstadt Tourismus
Rathaus][7000 Eisenstadt
Tel. 0 26 82/6 73 90
www.eisenstadt.at

Abendstimmung bei Rust

Hotel

Haus der Begegnung
Kalvarienbergplatz 11
7000 Eisenstadt
Tel. 0 26 82/6 32 90
www.hdb-eisenstadt.at
Kulturzentrum in einem ehemaligen Franziskanerkloster mit hübschen Zimmern, Meditationsraum und Kreativkursen, Speisesaal im Gewölbekeller. ●

Restaurants

■ **Gasthof Ohr**
Rusterstr. 51][7000 Eisenstadt
Tel. 0 26 82/6 24 60][www.hotelohr.at
Burgenländische Küche mit marktfrischen Zutaten aus der Umgebung (Dez.–April Mo geschl.). ●●

■ **Restaurant-Café im Esterházy**
Esterházyplatz 5][7000 Eisenstadt
Tel. 0 26 82/6 28 19
www.imesterhazy.at
Gepflegtes Restaurant in den ehemaligen Stallungen von Schloss Esterházy mit modern interpretierter Regionalküche und gut sortierter Weinkarte. ●●

■ **Buschenschank Gabriel**
Hauptstr. 25][7071 Rust
Tel. 0 26 85/2 36
www.weingut-gabriel.at

Die spätmittelalterliche Burg Forchtenstein war uneinnehmbar

Uriger Heuriger mit erstklassigen Weinen vom eigenen Weingut und gschmackiger Jausen (geöffnet April–Okt. Do–So). ●

Shopping

Unter Sommeliers wird das **Weingut Erwin Tinhof** als Tipp gehandelt. Voranmeldung erbeten **(Gartengasse 8, Tel. 0 26 82/6 26 48, www.tinhof.at, 7000 Eisenstadt, So geschl.).**

Mörbisch 31

Von Juni bis Anfang August steht der ganze Ort im Zeichen der **Operetten-Seefestspiele.** Die Mörbischer Mischung ist einzigartig – der Intendant Serafin selbst eine Inkarnation der Operette –, dazu ein Feuerwerk und laue Luft (Festspielbüro Tel. 0 26 82/6 62 10, www.seefestspiele-moerbisch.at).

Beeindruckende Burgen

*Burg Forchtenstein 32

Mit ihrem Bergfried in Form eines Schiffsbugs ist sie Wahrzeichen des Burgenlands. Im 17. Jh. bauten die Esterházys die Burg als

Karte Seite 112

»Tresor« für ihre überaus wertvollen Familienpreziosen aus. Die Räume enthalten neben der originalen Schatzkammer die größte private Waffen- und Gemäldesammlung Mitteleuropas sowie das Zeughaus mit Beutestücken aus den Türkenkriegen. Der 142 m tiefe Brunnen wurde von türkischen Gefangenen gegraben (Apr.-Okt. tgl. 10–18 Uhr, Tel. 0 26 26/8 12 12, www.burgforchtenstein.at). **»Leben wie früher erleben«** heißt ein spezielles Kinderprogramm an Sommerwochenenden.

*Burg Lockenhaus 33

Im südlichen Burgenland, nahe an der ungarischen Grenze, erhebt sich Lockenhaus aus dem 13. Jh. mächtig über dem Land. Einst war sie Sitz der Templer: In der unterirdischen Apsidenhalle mit den bunten Fresken, in der sich die Mitglieder des Ordens versammelten, ist heute eine Ausstellung zur Geschichte der Tempelritter zu sehen. Noch immer soll in der Burg ein Geist umgehen – aber immer erst, nachdem die letzten Töne der ausgezeichneten sommerlichen Burgkonzerte verklungen sind. (Tel. 0 26 16/ 23 94, www.ritterburg.at).

Burg Schlaining 34

Auf der mächtigen Burg faszinieren zwei ganz unterschiedliche Museen: Von den barbarischen Strafen des Mittelalters berichtet das Gerichtsmuseum im Burgturm – wie sich Kriege vermeiden lassen, erläutert das Europäische Museum für Frieden (Palmsonntag–Okt. Di–So 9–17 Uhr, www.aspr.ac.at).

*Burg von Güssing 35

Seit dem 12. Jh. thront die Burg auf einem steilen Vulkankegel über den Weinbergen – der Blick von der Terrasse ist überwältigend. Die Habsburger schenkten sie 1524 dem Türkenbezwinger Graf Batthyány als Anerkennung für seine Dienste. Das Burgmuseum beschäftigt sich u.a. mit der gräflichen Familie ungarischer Abstammung. Eine Truhenorgel aus dem 17. Jh. schmückt die Burgkapelle (Palmsonntag–Okt. Tel. 0 33 22/4 44 74, www.burgguessing.info).

Hotel

Kurpension Weiss
Jormannsdorfer Str. 20–25
7431 Bad Tatzmannsdorf
Tel. 0 33 53/83 73
www.hotel-weiss.at
Nette Pension im Zentrum nahe der Burgenlandtherme, 4 km westlich der Burg Schlaining. Gutes Preis-Leistungs-Verhältnis. Zimmer und Ferienwohnungen. ●–●●

Restaurant

Gasthof Reisner
Hauptstr. 41][Burg Forchtenstein
Tel. 0 26 26/6 31 39
www.beim-reisner.at
Mi–So 9–21.30 Uhr
Um Schwellenängste abzubauen, verzichtete der exzellente Chefkoch ganz bewusst auf seine Hauben und gestaltete das Haus schlicht und unauffällig. ●●

Wien, Nieder- und Oberösterreich

Nicht verpassen!

- Die Morgenstimmung im Park von Schloss Schönbrunn
- Den Sonnenuntergang mit Blick über die Wachau von Stift Göttweig
- Eine Weindegustation im Loisium in Langenlois
- Eine Fiakerfahrt durch Altwien mit anschließendem Heurigen-Besuch in Grinzing
- Das Museumsquartier in Wien mit Kultur satt für alle Geschmacksrichtungen

Karte Seite 138

Zur Orientierung

Wien – Österreichs elegante Hauptstadt und gleichzeitig kleinstes Bundesland – schwingt zwischen Tradition und Moderne. Hochherrschaftliche Schlösser, Museen und Theater voller Kunst, ein vibrierendes Nachtleben, der Wiener Wald mit seinen Heurigenlokalen und natürlich die Donau warten in der einzigen Millionenstadt des Landes auf Entdeckung.

In keinem anderen Bundesland hat der Weinbau so aktiv die Natur gestaltet wie in **Niederösterreich.** Kunsthistorische Schätze von Weltruhm wie Kloster Melk und Stift Göttweig in der **Wachau** lohnen den Besuch. Sehr ursprünglich ist die Landschaft im holzreichen **Waldviertel.** Abseits großer Touristenzentren geht das Leben noch seinen beschaulichen Gang, ausgedehnte Wälder und kristallklare Bäche garantieren herrliche Luft und Erholung pur. Burgen und Klöster zieren die Kuppen der Hügellandschaft entlang des **Kamptals.**

Der **Nationalpark Donauauen** wartet mit seinem Reichtum an Pflanzen und Tieren auf Erkundung. Schon die Römer suchten in den Thermalquellen von **Baden** Erholung, die Wiener zieht es bis nach **Semmering** in die Sommerfrische.

Bummel auf dem berühmten Wiener Naschmarkt

Urlaub in **Oberösterreich** bedeutet Wanderungen und Kultur auf wenig ausgetretenen Pfaden. Zwar liegen um **Linz** und **Steyr** größere Industriegebiete, doch verwöhnt das alpine Gelände des **Nationalparks Kalkalpen** mit seinen naturbelassenen, riesigen Wäldern und seinen bizarr gefalteten Felsen wieder mit schönster Natur.

Touren in der Region

Vom Kamptal in die Wachau

(13) Zwettl › Gars am Kamp › Langenlois › Krems › Kloster Melk

Länge: 170 km
Dauer: 6 Tage
Praktische Hinweise: Die Niederösterreich Card gilt ab 1.4. je ein Jahr; Erwachsene 45 €, Jugendliche von 6–16 Jahren 20 €.

Zum Auftakt der Tour quartieren Sie sich für zwei Nächte in ****Zwettl** › S. 157 ein. Am ersten Tag lohnt ein Bummel durch das historische Städtchen mit seinen hübschen Barock- und Renaissancegebäuden und ein Besuch des berühmten Stifts. Am nächsten Tag steht ein Ausflug nach Burg Ottenstein an, wo Renaissancemalereien die Trinkstube zieren und im Sommer Konzerte stattfinden. Zum Abschluss des Tages geht es zum Hundertwassermuseum in Roiten. Von Zwettl fahren Sie dann entlang dem Fluss Kamp nach Osten, Burgen und Klöster zieren seine Ufer. Nach der Besichtigung von **Burg Greillenstein** › S. 158 stärkt man sich zu Mittag am besten in der Klosterkuchl von Stift Altenburg. Die vollständig erhaltene ***Rosenburg** › S. 158 steht am Nachmittag auf dem Programm. Übernachten Sie in **Gars am Kamp** › S. 158 oder

13 **Vom Kamptal in die Wachau** Zwettl › Gars am Kamp › Langenlois › Krems › Kloster Melk

Karte Seite 138

im Weinbauzentrum **Langenlois** › S. 158. Das malerische ****Krems** › S. 155, wo Sie eine Nacht verbringen, liegt schon im Donautal. Außergewöhnlich schön ist der Blick von *****Stift Göttweig** südlich der Donau. Am folgenden Tag fahren Sie in die *****Wachau,** wo an der Donau berühmte Orte wie ****Dürnstein**, **Weißenkirchen** und **Spitz** › S. 154 liegen. Zum Abschluss dieser Tour steht kunsthistorischer Hochgenuss auf dem Plan: das *****Kloster Melk** › S. 154. Von dort sind es 92 km nach Wien, 105 km nach Linz.

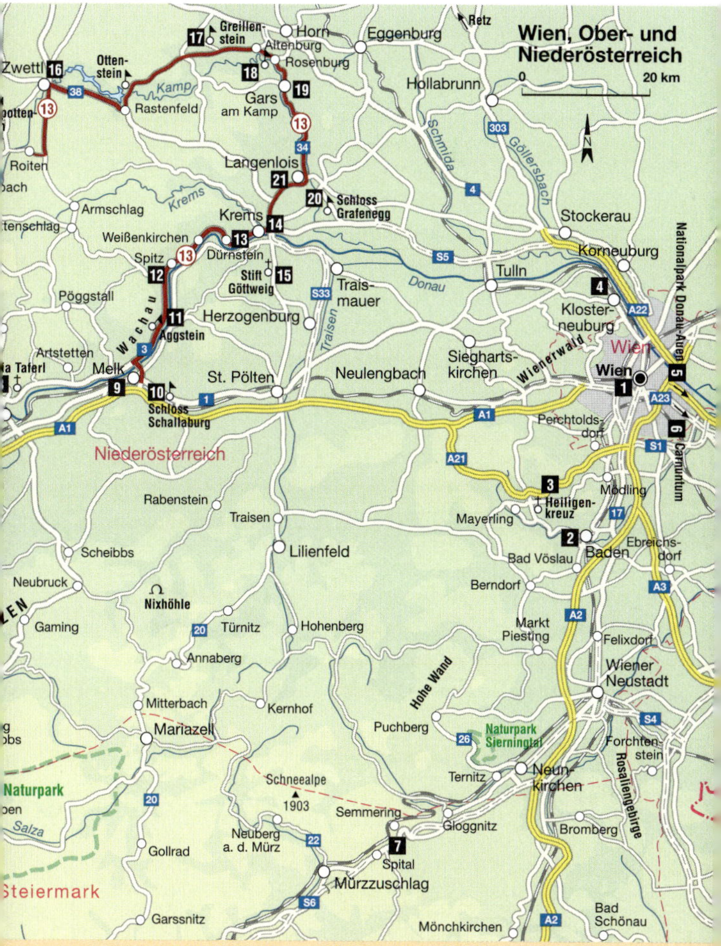

14 Linz und der Nationalpark Kalkalpen Linz › Steyr › Nationalparkzentrum Molln › Nationalpark Gesäuse › Steyr

Linz und der Nationalpark Kalkalpen

(14) Linz › Steyr › Nationalparkzentrum Molln › Nationalpark Gesäuse › Steyr

Länge: 155 km
Dauer: 3 Tage
Praktische Hinweise: Von August bis 12.10. fährt ein Wanderbus sonntags von Steyr zu vielen Ausgangspunkten für Wanderungen im Reichraminger Hintergebirge. Infos zu Hütten, Wegenetz und sonstigen Angeboten unter www.nationalparkregion.com. Standquartier ist Steyr.

Einen ganzen Tag sollte man sich für ****Linz** › S. 159 nehmen. Nur wenige Kilometer entfernt liegt mit **Enns** die älteste Stadt Österreichs. Die Eisenstraße führt das Tal der Enns aufwärts bis zur Romantikstadt ***Steyr** › S. 160, allmählich wird die Landschaft Richtung Kalkalpen bergiger. Wissenswertes über den Wald erfährt man im neuen **Nationalpark-Besucherzentrum** › S. 161 bei **Reichraming.** Die Straße führt nun hinein in die **Ennstaler Alpen.** In **Altenmarkt** bei St. Gallen zweigt ein landschaftlich reizvolles Sträßchen nach **Windischgarsten** ab. Durch das Steyrtal geht es zurück nach ***Steyr.** Am nächsten Tag erkunden Sie den ****Nationalpark Kalkalpen** von der Westseite, Ausgangspunkt ist das **Nationalparkzentrum** in **Molln** › S. 161. Alle Wanderlustigen erhalten hier viele nützliche Informationen. Alternativ folgt man ab Altenmarkt der Enns zum spektakulären *****Nationalpark Gesäuse** (› Steiermark). Durch den Besrucktunnel geht es zurück nach Norden zum ****Nationalpark Kalkalpen** und nach Molln.

Romantisches Steyr

Wichtige Adressen

- **Oberösterreich Tourismus,** Freistädter Straße 119, 4041 Linz, Tel. 07 32/7 27 71 00, www.oberoesterreich-tourismus.at
- **Niederösterreich-Information,** Im Palais Niederösterreich, 1014 Wien, Herrengasse 13, Tel. 01/53 61 00, www.niederoesterreich.at
- **Tourist Information Wien,** Albertinaplatz 1, Wien 1, Tel. 01/2 45 55, www.wien.info

Karte Seite 142

10 Unterwegs in ***Wien 1

Der ***Stephansdom A

Schon von Weitem sieht man die charakteristischen bunten Dachziegel, die sich zu einem geradlinigen Muster fügen, und den 137 m hohen hochgotischen Turm in der Altstadt. Die Umrundung des mächtigen Wahrzeichens der Stadt kommt einem Museumsbesuch gleich: Ottokar II. ließ anstelle eines Vorgängerbaus 1260 eine romanische Basilika erbauen, die zwischen 1304 und 1450 einen gotischen Chor und ein spätgotisches Langhaus erhielt. Spätromanische Figuren schmücken das Riesentor, Steinmetzarbeiten der Hochgotik Singer- und Bischofstor. Innen beeindruckt die spätgotische Kanzel (1515) von Anton Pilgram, der sich selbst am Kanzelfuß als »Fenstergucker« verewigt hat.

Besucher können an Katakombenführungen teilnehmen, eine Turmauffahrt auf den Nordturm unternehmen oder über 343 Stufen auf den Südturm klettern. Welch ein Kontrast, wenn man aus der Düsternis des Doms plötzlich wieder ans gleißende Tageslicht tritt, um den **faszinierenden Blick auf Wien** zu genießen. Führungen durch den Dom Mo–Sa 10.30, 15 Uhr, Sa auch 19 Uhr, So nur 15 Uhr.

Echt gut!

Um ***Hofburg und **Josefsplatz

Der Weg durch **Graben** und **Kohlmarkt** lässt die imperiale Vergangenheit aufleben, man fühlt sich in die k. k. Zeit versetzt, als Hoflieferanten wie die Konditorei Demel mühelos allein von ihrer adligen Kundschaft leben konnten. Am Michaelerplatz steht das schlichte **Looshaus** B, ganz den Maximen einer geradlinigen, ornamentlosen Architektur verpflichtet.

»Strandgutstadt«

So nannte Ingeborg Bachmann die Metropole. »Denn Länder wurden an sie geschwemmt und Güter aus anderen Ländern: die Kreuzstichdecken der Slowaken, die Eierkörbe der Bulgaren und ein aufsässiger Akzent aus Ungarn.« Mit der Ost-West-Annäherung ist Wien wieder ins Zentrum Mitteleuropas gerückt. Moderne Kultur lebt hier neben dem Opernball, den Lipizzanern, dem melancholischen Nachhall großer Epochen und einer liebenswerten Wiener Schrulligkeit. Ungebührliche Hektik und polternde Lebensfreude sind dem Wiener fremd. Nicht dass er pessimistisch wäre, im Gegenteil: Seine melancholische Freud' am Tod ist die verfeinerte Form, das Leben nicht ernst zu nehmen.

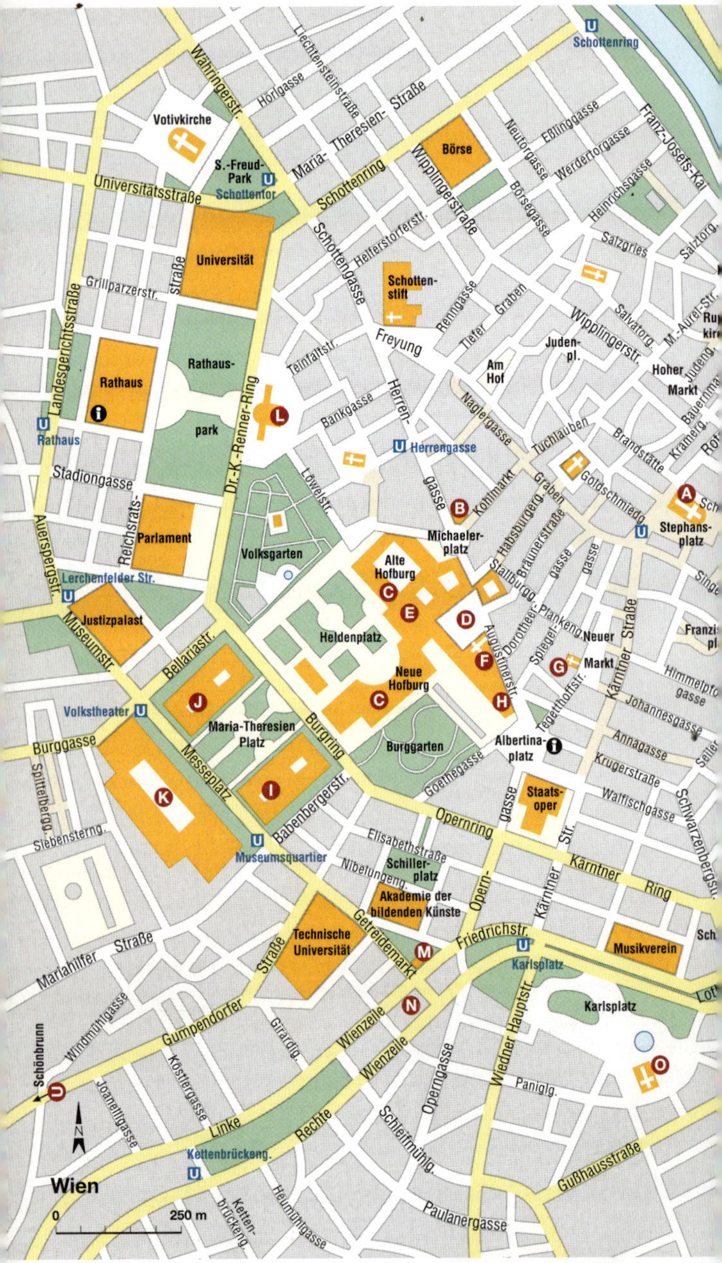
Schottenring
Votivkirche
Währingerstr.
Hörlgasse
Liechtensteinstraße
Maria-Theresien-Straße
S.-Freud-Park
Schottentor
Universitätsstraße
Schottenring
Börse
Wipplingerstraße
Neutorgasse
Eßlinggasse
Werdertorgasse
Franz-Josefs-Kai
Börsegasse
Heinrichsgasse
Salzgries
Salztorg.
Universität
Helferstorferstr.
Schottengasse
Schotten-stift
Grillparzerstr.
Landesgerichtsstraße
Renngasse
Graben
Tiefer
Wipplingerstr.
Salvatorg.
M.-Aurel-Str.
Juden-pl.
Am Hof
Hoher Markt
Judeng.
Freyung
Teinfaltstr.
Rathaus-park
Rathaus
Dr.-K.-Renner-Ring
Herren-gasse
Bankgasse
Naglergasse
Tuchlauben
Brandstätte
Bauernmarkt
Kramerg.
Herrengasse
Stadiongasse
Löwelstr.
Kohlmarkt
Graben
Goldschmiedg.
Stephans-platz
Parlament
Reichsrats-
Volksgarten
Michaeler-platz
Habsburgerg.
Bräunerstraße
Lerchenfelder Str.
Auerspergstr.
Alte Hofburg
Stallburgg.
Dorotheer-g.
Plankeng.
Neuer Markt
Kärntner Straße
Justizpalast
Museumstr.
Heldenplatz
Augustinerstr.
Spiegel-g.
Himmelpfortgasse
Bellariastr.
Neue Hofburg
Tegetthoffstr.
Johannesgasse
Volkstheater
Maria-Theresien Platz
Burgring
Burggarten
Albertina-platz
Annagasse
Burggasse
Messeplatz
Goethegasse
Krugerstraße
Spittelbergg.
Babenbergerstr.
Opern-gasse
Staats-oper
Walfischgasse
Schwarzenbergstr.
Siebensterng.
Opernring
Elisabethstraße
Museumsquartier
Nibelungeng.
Schiller-platz
Kärntner Ring
Akademie der bildenden Künste
Kärntner Str.
Mariahilfer Straße
Technische Universität
Getreidemarkt
Friedrichstr.
Karlsplatz
Musikverein
Windmühlgasse
Gumpendorfer Straße
Girardig.
Wienzeile
Karlsplatz
Schönbrunn
Köstlergasse
Operngasse
Wiedner Hauptstr.
Paniglg.
Joanelligasse
Linke
Rechte
Schleifmühlg.
Kettenbrückeng.
Gußhausstraße
Wien
0
250 m
Kettenbrückeng.
Heumühlgasse
Paulanergasse

Karte
Seite 142

***Hofburg Ⓒ

Die prunkvolle Hofburg ist in mehrere von Höfen unterbrochene Abschnitte gegliedert: Im Michaelertrakt liegen die Hoftafel- und Silberkammer und die **Kaiserappartements, der private Wohntrakt von Franz Joseph und seiner Sisi, selbstverständlich mit einem Sisi-Museum.

Vom kleinen Schweizerhof geht es links in die ***Burgkapelle,** in der die Wiener Sängerknaben ihre klaren Stimmen hören lassen. Rechts gelangt man in die beeindruckende ****Schatzkammer,** die kirchliche Preziosen und Insignien der Kaisermacht zeigt, wie die Kaiserkrone aus dem 10. Jh., die schon Otto der Große getragen haben soll.

Die **Neue Hofburg** wurde erst 1913 vollendet, in ihr sind heute das Ephesos-Museum und das Museum für Völkerkunde untergebracht.

Der Prunksaal in der National-

**Josefsplatz Ⓓ

Ein herrliches Barockensemble rahmt den Platz: Die **Stallburg** ist Wiens einziger reiner Renaissancebau – in dem Lipizzaner in blitzsauberen Ställen residieren. Rösser und Reiter zeigen klassische Reitkunst nebenan in der **Spanischen Hofreitschule** Ⓔ (Infos im Besucherzentrum Michaelerplatz 1, Infohotline unter 5 33 90 31).

Die Längsfront des Platzes wird von der ****Nationalbibliothek** eingenommen. Schon 1579 zwangen die Habsburger alle Buchhändler, Pflichtexemplare abzuliefern; Sammlungen der Fugger, Prinz Eugens und diverser Klöster ergänzten die Bestände. Das Ergebnis sind rund 2 Mio. Bücher und 40 000 Handschriften.

An der Südostseite des Platzes führt eine unauffällige Tür in die ***Augustinerkirche** Ⓕ. Die barocke Ausstattung der gotischen Hallenkirche wurde im 18./19. Jh. bei einer Regotisierung entfernt. In der Lorettokapelle werden die Urnen mit den Herzen der bedeutendsten Habsburger bewahrt. Ihre Eingeweide befinden sich in

bibliothek am Josefsplatz

der Gruft des Stephansdoms, während die Gebeine von zwölf Kaisern, 15 Kaiserinnen und 100 Erzherzögen in der **Kapuzinergruft G in der Kapuzinerkirche am Neuen Markt ruhen.

**Albertina H

Die weltberühmte Sammlung von Herzog Albert von Sachsen-Teschen ist die größte grafische Sammlung der Welt und umfasst Zeichnungen, Gemälde und Grafiken fast aller großen Künstler von der Gotik bis zur Moderne, darunter einen bemerkenswerten Bestand von Werken Albrecht Dürers (tgl. 10–18, Mi bis 21 Uhr).

Kultur am Ring

Durch den Burggarten gelangt man zum Burgring, wo zwei Neo-Renaissancebauten den Maria-Theresia-Platz rahmen: Das ***Kunsthistorische Museum I zählt zu den bedeutendsten Europas und bietet einen Querschnitt durch die europäische Malerei – hier kann man Bilder

Karte Seite 142

Skulpturenschmuck im Garten von Schloss Belvedere

bestaunen von Rubens, Rembrandt, Brueghel d. Ä., Bosch, Dürer, Cranach d. Ä., Raffael und Tizian. Das **Naturhistorische Museum** J beherbergt u.a. Exponate aus der Hallstattzeit wie die »Venus von Willendorf« (Di geschl.).

Echt gut!

In den ehemaligen Hofstallungen hinter dem Maria-Theresia-Platz liegt das ***MuseumsQuartier** K mit dem **Museum Moderner Kunst,** dem **Leopold Museum** mit der weltgrößten Egon-Schiele-Sammlung und kleineren Museen wie **Architekturmuseum, ZOOM Kindermuseum** oder **Kunsthalle** (Tel. 5 23 58 81, www.mqw.at).

Nach einem Spaziergang im schattigen Volksgarten erreicht man das ***Burgtheater** L, eine Institution der deutschsprachigen Bühnenwelt.

Zum **Schloss Belvedere

Das Haus der ***Secession** M ist ein in Architektur gebanntes Manifest. Das Credo der Künstlergruppe um Gustav Klimt prangt über dem Portal: »Der Zeit ihre Kunst. Der Kunst ihre Freiheit.« Der 70 m² große Beethovenfries von Gustav Klimt ist im Inneren zu bewundern.

Am ***Naschmarkt** N macht die riesige Auswahl an frischen Lebensmitteln Appetit: Von Erdäpfeln – wie die Kartoffeln hierzulande heißen – über Dönerkebab bis zu asiatischen Wurzeln ist hier alles zu haben.

Johann Bernhard Fischer von Erlach und sein Sohn Joseph Emanuel planten die ****Karlskirche** O, Wiens schönsten Barockbau. Anlass für den Bau war das Ende einer schweren Pestepide-

Karte Seite 142

mie – das Giebelrelief nimmt darauf Bezug. Ungewöhnlich sind die beiden Triumphsäulen, die mit ihren Reliefspiralen an die Trajanssäule in Rom erinnern.

****Schloss Belvedere** Ⓟ diente Prinz Eugen von Savoyen als Residenz. Am französischen Hof Louis' XIV. verlachte man das Ansinnen des Prinzen, in den Kriegsdienst eintreten zu wollen. Viel zu klein sei er! Die Österreicher jedoch taten gut daran, den späteren Türkenbezwinger anzustellen. 1714 ließ er das Untere Belvedere als Sommerwohnsitz, 1721 das Obere Belvedere als würdigen Rahmen für seine repräsentativen Pflichten erbauen. Heute ist im Unteren Belvedere ein Barockmuseum mit original eingerichteten Räumen untergebracht. Durch den prachtvollen Schlossgarten gelangt man ins Obere Schloss mit der Galerie des 19. und 20. Jhs. mit Gemälden von Schiele, Klimt, Kokoschka, aber auch Monet, Renoir, Menzel und Munch (Mo geschl.).

Kunst oder Rummel?

Das ****Museum für angewandte Kunst (MAK)** Ⓞ, eines der interessantesten Kunstmuseen Europas, zeigt Arbeiten von Klimt, Stühle von Thonet und zeitgenössisches Design.

Ein Besuch am bunten, begrünten und mit Kuppeln bestückten **Hundertwasser-Haus** Ⓡ Ecke Löwen- und Kegelgasse darf nicht fehlen: 1985 gestaltete der Maler 50 Appartements nach seinen Vorstellungen von lebenswertem Wohnen. Eine Hundertwasser-Werkschau zeigt das ***KunstHausWien** Ⓢ in der Unteren Weißgerberstraße 13.

Im ***Prater** Ⓣ treffen sich Einheimische wie Touristen. Neben modernen Fahrgeschäften ragt das fast 67 m hohe Riesenrad auf, das der englische Ingenieur Walter Basset 1897 errichtete. Der Prater ist auch eine ausgedehnte Parklandschaft vom Praterstern im II. Bezirk bis zum III. Bezirk, wo im 17. Jh. die Gerber ihrem Gewerbe nachgingen.

***Schloss Schönbrunn Ⓤ

Südwestlich der Stadt liegt seit dem 16. Jh. die Sommerresidenz der Habsburger, die während der Türkenkriege verwüstet wurde. Johann Bernhard Fischer von Erlach erstellte Ende des 17. Jhs. Pläne für einen Wiederaufbau, der Versailles in den Schatten stellen sollte. Die Umsetzung fiel dann doch beträchtlich kleiner aus. Maria Theresia residierte hier, 1814/15 tagte der Wiener Kongress in Schönbrunn und 1918 gab Karl I. hier den Anspruch auf die Krone auf. 40 der 1441 Zimmer sind zugänglich, darunter das Schlaf- und Arbeitszimmer von Kaiser Franz Joseph und seiner Frau Elisabeth, das für Maria Theresia ausgestaltete Vieux-Laque-Zimmer, das Millionenzimmer und die Große Galerie. Schloss und Gartenanlage gehören zum UNESCO-Weltkulturerbe. In der **Wagenburg** parken höfische Prunk- und Gebrauchsfahrzeuge, das größte Glashaus Europas beherbergt die grüne Oase des Palmenhauses und im Park befindet sich Österreichs ältester Tiergarten, der 1752 gegründet wurde.

Öffnungzeiten: tgl. 8.30 bis 16.30, im Sommer bis 18 Uhr; Wagenburg tgl. 10–16 Uhr, im Sommer 9–18 Uhr; www.schoenbrunn.at.

Info

Tourist Information
Albertinaplatz 1][Tel. 01/2 45 55
www.wien.info

Verkehr

- **Flughafen:** Schwechat, 19 km südöstlich, **Tel. 01/70 07, www.viennaairport.com.** Shuttlebus und S 7 ins Zentrum.
- **Öffentlicher Nahverkehr:** In Wien fahren U-Bahnen, S-Bahnen, Trambahnen und Busse (24-Std.-Karte 5,70 €). Mit der **Wien Card** kann man 72 Std. alle öffentlichen Verkehrsmittel benutzen und erhält Ermäßigung in vielen Museen.

Hotels

- **Mercure Grand Hotel Biedermeier Wien**
III. Landstraßer Hauptstr. 28
1030 Wien][Tel. 51 67 10
www.mercure.com
Charmantes Hotel im Biedermeierstil – und ebensolcher Einrichtung! – in einem denkmalgeschützten Haus. Eine ganz besondere Unterkunft. ●●●
- **Das Triest**
IV. Wiedner Hauptstr. 12][1040 Wien
Tel. 58 91 80][www.dastriest.at
Vor 300 Jahren ein Pferdebahnhof der Postkutschen, heute ein schickes und exklusives Designerhotel, für alle Liebhaber modernen Komforts. ●●●
- **Wandl**
I. Petersplatz 9][Tel. 53 45 50
1010 Wien][www.hotel-wandl.com
Kleines, für Wiener Verhältnisse preisgünstiges Traditionshotel mit großzügi-

Schloss Schönbrunn

Karte Seite 142

gen Zimmern und viel Wiener Flair nahe der Peterskirche. ●●

Restaurants

■ **Korso im Hotel Bristol**
I. Mahlerstraße 2][1010 Wien
Tel. 51 51 60
tgl. 16–1, So–Fr auch 12–15 Uhr
Altwienerisches bis hin zu experimentellen Kompositionen verzeichnet die Speisekarte im Jugendstillokal des Bristol, dafür gab es viele Auszeichnungen! ●●●

■ **Meinl am Graben**
I. Graben 19][1010 Wien
Tel. 5 32 33 34][tgl. geöffnet
In dieser Feinschmeckerinstitution in Wien serviert man neue österreichische Küche. Gilt inzwischen als die **beste Küche Wiens.** Im Feinkostgeschäft nebenan bleiben keine Wünsche unerfüllt. ●●●

■ **Ubl**
IV. Pressgasse 26][1040 Wien
Tel. 5 87 64 37
Tgl. 11.30–14 und 18–24 Uhr
Uraltes Interieur, bodenständige Küche und Garten – sehr gemütlich. ●●

■ **Pfudl**
I. Bäckerstr. 22][1010 Wien
Tel. 5 12 67 05][tgl. 11–24 Uhr
Die Wiener Charaktere aus Büchern und Fernsehen gibt's wirklich! Wer typisches Wiener Lokalkolorit sucht, wird nicht enttäuscht. Wiener Spezialitäten. ●

■ **Café Blaustern**
IX. Döblinger Gürtel 2][1090 Wien
Tel. 3 69 65 64
In-Café mit süßen Köstlichkeiten und kleinen Gerichten. Der Kaffee aus eigener Rösterei ist ein Gedicht. Die Adresse für ein spätes oder frühes Frühstück. ●

■ **Palmenhaus**
I. Burggarten][1010 Wien
Tel. 5 33 10 33
tgl. 10–2 Uhr, Nov.–Feb. nur Mi–So
Innovative Bistro-Küche im kaiserlichen Palmenhaus in der Wiener Hofburg mit einem der schönsten Gärten der Stadt. ●●

Nightlife

■ Das **Flex** ist der beste Klub der Stadt direkt am Donaukanal **(Donaulände/Augartenbrücke).** Viele **Szenekneipen** findet man im VIII. Bezirk um die Josefstädter Straße. Veranstaltungstipps und Ausgehadressen enthält das **Stadtmagazin »Falter«** (www.falter.at).

■ Tickets für Musicals: **Wien Tickets, Linke Wienzeile 6, Tel. 01/5 88 85, www.wien-ticket.at; www.musicalvienna.at.** Tickets für Oper, Theater, Ka-

Die Kneipenszene

Mitte der 1970er-Jahre begannen findige Leute, im I. Bezirk mit Kneipen und Kulturinitiativen Bohemiens anzulocken. Heute ist das Dreieck zwischen Seitenstettengasse, Judengasse und Rabensteig als »Bermudadreieck« bekannt. Wiener und Gäste treffen sich in unheilvollen Absturzkneipen wie im **Krah Krah** (Rabensteig 8, tgl. 11–2 Uhr) zu Bier und Schwarzbrottoast oder zu Livemusik bei **Porgy & Bess** (Riemergasse 11). Nette Beisln mit Schanigärten – so nennt man die kleinen Wirtshäuser mit Tischen im Freien – gibt es in den engen Biedermeiergassen am **Spittelberg.**

barett und Großveranstaltungen versendet **Ticket Express, Heumühlgasse 11, Tel. 01/9 60 96, www.oeticket.com.**

Shopping

Wien ist ein Einkaufsparadies: Jugendstil- und Designerlampen findet man bei **Woka Lamps (Singerstr. 16)**; Antiquitäten im Auktionshaus **Dorotheum (Dorotheergasse 17)**; Trödel auf dem **Flohmarkt** am Südende des Naschmarkts (Sa 9–18 Uhr); Porzellan im Shop der **Porzellanmanufaktur Augarten (Stock-im-Eisen-Platz)**; süße Leckereien in der Traditionskonditorei **Demel (Kohlmarkt 14)**; Bücher bei **Morawa (Wollzeile 11)**; verrückte Mode bei **Pia Mia (Schönbrunnerstr. 65)**.

Ausflüge von Wien

**Baden 2

»Baden ist ein kleines Wien in Aquarell« – dieser Satz trifft den Charakter des heiteren Städtchens am Rand des Wienerwalds genau. Nach einem Großbrand 1812 wurde der Ort einheitlich im Biedermeierstil wieder aufgebaut. Die alte Thermalanlage und die Schwimmschule erinnern noch an Maria Theresias Zeit. Absolut modern präsentieren sich dagegen die **Römerthermen** (www.roemertherme.at).

In der Frauengasse 10 wohnte im **Magdalenenhof** von 1821–23 Ludwig van Beethoven. Mit Kompositionsorgien entnervte das fast taube Genie seine Vermieter derart, dass er allein in Baden siebenmal umziehen musste! Im **Beethovenhaus** erfährt man mehr darüber (Rathausgasse 10, Di–Fr 16–18, Sa, So auch 10–12 Uhr). Ganz in der Nähe steht das **Rathaus** (1815) von Josef Kornhäusel, der das Bild der Stadt nachhaltig prägte. In der Pfarrgasse 2 findet sich das **Lumpentürl** – die Holztür ermöglichte es allzu eifrigen Trinkern, auch noch nach Schließung der Stadttore von den Vorstadt-Heurigen in ihre Betten zu kommen. Kinder hält man beim **Eis-Peter** in der Beethovengasse bei Laune – hier gibt es **das beste Eis nördlich des Alpenhauptkamms!**

**Stift Heiligenkreuz 3

Durch das waldreiche *Helenental gelangt man zum Stift Heiligenkreuz. Die 1133 gegründete, zweitälteste Zisterzienserabtei Österreichs liegt um einen Innenhof, dessen Dreifaltigkeitssäule und Josephsbrunnen nach Modellen des Barockbildhauers Giovanni Giuliani geschaffen wurden. Der südlich der romanischen **Stiftskirche** anschließende romanisch-gotische **Kreuzgang** ist nur im Rahmen einer Führung zugänglich. Im **Kapitelsaal** wurde in den Boden die Grabplatte von Herzog Friedrich II. eingelassen. (Tel. 0 22 58/87 03, www.stift-heiligenkreuz.at)

**Klosterneuburg 4

Die hübsche Kleinstadt steht im Schatten des prächtigen ****Augustiner-Chorherrenstifts.** Einer

Legende zufolge stand Agnes, die Frau des Babenbergerherzogs Leopold III., am Tage ihrer Hochzeit auf dem Wiener Leopoldsberg, als ihr ein starker Wind den Brautschleier entriss. Er wurde nach vielen Jahren unversehrt in den Donauauen wiedergefunden. Das nahm Leopold als Zeichen, hier im Jahre 1114 ein Kloster zu stiften. Karl IV. begann im 18. Jh. einen groß angelegten Umbau, der allerdings von Maria Theresia zugunsten von Schloss Schönbrunn eingestellt wurde.

Zum romanisch-gotischen Teil des Klosters gehören die später barockisierte und mit neugotischen Türmen flankierte Stiftskirche sowie die Leopoldskapelle. Der Kunstschmied Nikolaus von Verdun gestaltete 1181 den *Verduner Altar, ein Meisterwerk der Emaillierkunst. Im Barocktrakt verdienen die Wohnräume, Schatzkammer, Bibliothek und Stiftsmuseum besondere Aufmerksamkeit.

Die Führung Weinkultur-Weg gewährt **Einblicke in die Keller und Produktionsstätten von Österreichs ältestem und größtem Weingut** und endet in der modernen Vinothek (tgl. 16 Uhr, außer zur Weinlese Ende Sept. bis Mitte Nov., Tel. 0 22 43/41 10).

Echt gut!

**Nationalpark Donauauen 5

Eine landschaftliche Rarität liegt östlich vor den Stadttoren Wiens. Bis an die slowakische Grenze erstreckt sich der Nationalpark Donauauen. Frei mäandriert der große Strom, Wasserstandsschwankungen bis zu 7 m lassen immer wieder neue Sandbänke entstehen und überfluten die Auwälder. Diese letzte große naturbelassene Flussauenlandschaft

Gotisches Dormitorium von Stift Heiligenkreuz

Welterbe und Meilenstein der Eisenbahngeschichte: die Semmeringbahn

Europas ist für viele Vögel und Pflanzen ein unentbehrlicher Lebensraum. Ein- und Überblick über dieses Ökotop liefern die Multimedia-Show im Nationalparkzentrum und der Aussichtsturm. (Schloss Orth Nationalparkzentrum, 2304 Orth/Donau, Tel. 0 22 12/34 50, www.donauauen.at)

**Carnuntum 6

Die einstmals bedeutende römische Handelsstadt ersteht im Archäologischen Park mit Hilfe rekonstruierter antiker Bauten wieder aus den Ruinen. Jüngstes sehr gelungenes Werk ist die *Villa urbana*, ein prächtiges Palais eines vermögenden Bürgers aus Carnuntum, aber auch das Haus von Lucius dem Tuchhändler ist sehenswert. Gegraben wurde in der Siedlung – dem heutigen Freilichtmuseum Petronell – und dem Militärlager, von dem nur noch das Amphitheater erhalten ist. Eine Augenweide sind von Frühjahr bis Herbst die **Gärten von Petronell:** Antikes Saatgut und durch Rückzüchtung entstandene Pflanzen geben der Stadt ein authentisches Flair. Spezielle Führungen für Kinder finden im Juli und August tgl. um 14 Uhr statt.

Im nahen Bad Deutsch-Altenburg steht das »Schatzhaus« von Carnuntum: Die Exponate, darunter viele Kostbarkeiten, illustrieren das Leben in der antiken Metropole der Provinz Pannonien. (Freilichtmuseum und Amphitheater Ende März–Mitte Nov. 9–17 Uhr, Museum April bis 21. Dez. Di–So 10–17 Uhr, www.carnuntum.co.at)

Spital am Semmering 7

Als Ausflugsidyll der Wiener hat der Ort Tradition. Einst residierten die Adligen in den Grandho-

Karte Seite 138

tels oben am Semmering-Pass. Die weniger begüterten Adabeis (österreichisch für Leute, die überall dabei sein müssen) wohnten unten in Spital und stiegen zum Fünf-Uhr-Tee hinauf, um sich im Kreise der besseren Gesellschaft wichtigzumachen. Nicht versäumen sollte man eine Fahrt mit der seit 1998 zum UNESCO-Weltkulturerbe gehörenden ***Semmeringbahn von Gloggnitz nach Mürzzuschlag.

Info

Tourismus Büro
Brusattiplatz 3][2500 Baden
Tel. 0 22 52/22 60 06 00
www.baden.at

Hotels

■ **Schloss Weikersdorf**
Schlossgasse 9–11][2500 Baden
Tel. 0 22 52/48 30 10
spa.hotelschlossweikersdorf.at
Sensibel renoviertes Haus mit Renaissance-Innenhof, Rosengarten und großem neuem Wellnessbereich. ●●●

■ **Onkel Fritz**
8684 Spital am Semmering
Tel. 0 38 53/2 17
www.landhotel-onkelfritz.at
Schon von außen verströmt das Haus mit seinem dunklen Holz und den weißen Sprossenfenstern den Charme einer Sommerfrische aus der guten alten Zeit. Die kleinen Nichtraucherzimmer sind in Pastelltönen gestaltet. ●●

Restaurant

Primavera
Weilburgstr. 3][2500 Baden
Trostgasse 23][Tel. 0 22 52/8 55 51
www.restaurant-primavera.at
Di–Sa 11.30–14 und 18–24 Uhr
Klein, aber äußerst fein kocht man in diesem Biedermeierhaus. Ob schottisches Lamm, vitello tonnato oder Graved-Lachs, alles passt vorzüglich zu den heimischen Weinen. ●●

Unterwegs in Niederösterreich

***Wachau

Von Melk bis Krems führt die Straße am Nordufer durch das Durchbruchstal der Donau: Steile Felswände unterbrechen die Uferhänge, an denen die Reben des Grünen Veltliners gedeihen.

*Basilika Maria Taferl 8

In der späten Renaissance entstand die Wallfahrtskirche, die heute zu den schönsten Sakralbauten Niederösterreichs zählt. Aus dieser Zeit stammt die mit reichem Stuck geschmückte Sakristei, barock gestaltet dagegen ist die Kirche. Ein Teil des Silberschmucks vom Hochaltar fiel dem Napoleonischen Krieg zum Opfer, ganz in Gold aber erstrahlt die Kanzel. Die großen Bilder der Seitenaltäre schuf Johann Martin Schmidt, der »Kremser Schmidt«. Seit April 2008 wieder zugänglich

Heiteres Barock: Stift Melk

ist die mit volkstümlichen Szenen ausgemalte Schatzkammer. Bis zum 350-jährigen Kirchenjubiläum 2010 wird die Kirche in Teilabschnitten renoviert. (www.basilika.at, Apr.–Okt. 6.30 bis 19 Uhr, sonst bis 17 Uhr)

11 ***Melk 9

Das von Jakob Prandtauer und Joseph Munggenast 1702 bis 1738 barockisierte Benediktinerstift Melk zählt zu den Höhepunkten jeder Österreichreise. Weithin sichtbar thront es auf einem Höhenzug über der Donau. Vom Prälatenhof führt die reich verzierte Kaiserstiege hinauf zum196 m langen Gang mit Porträts österreichischer Herrscher – unverkennbar die hängende Habsburger-Lippe und die Adlernase! Im Kaiserzimmer wird die Geschichte des Stifts erläutert; die Bibliothek mit ca. 80 000 Bänden, seltenen Handschriften und Inkunabeln ziert ein Deckengemälde von Paul Troger. In der **Stiftskirche,** einem der schönsten Barockbauten nördlich der Alpen, endet der Rundgang (Ende März–Sept. 9–17.30 Uhr, Okt. 9–16.30 Uhr, Nov.–Ende März nur mit Führungen um 11 bzw. 14 Uhr, www.stiftmelk.at).

*Schloss Schallaburg 10

Das Renaissanceschloss machte sich einen Namen mit Ausstellungen von internationalem Rang. Reicher Skulpturenschmuck ziert den zweigeschossigen Arkadenhof des markanten Baus aus dem 16. Jh., ein wunderschöner Renaissancegarten mit Buchsbaumhecke, nostalgischen Rosen und Apfelhainen lockt zum Spazieren. (März–Okt. 9–17 Uhr, Sa, So bis 18 Uhr; www.schallaburg.at)

Burgruine Aggstein 11

Hölzerne Laufstege führen über Mauerreste einer der meistbesuchten Burgen Österreichs und erlauben den Blick in atemberaubende Tiefe. Siegfried, Krimhild und Hagen, die berühmten Nibelungen, trifft man in den Räumen unter dem Rittersaal. Stärkung bietet die Taverne. (Apr.–Okt. 9–18 Uhr; www.ruineaggstein.at)

*Spitz 12

Wo die Teufelsmauer, eine steile Felswand, in den Fluss ragt, liegt malerisch unterhalb der Ruine Hinterhaus der Ort Spitz. Schifffahrtsmuseum, Wein und Marillen (Aprikosen) sind hier wichtig. Am letzten Wochenende im Juli laden König Marillus und Ihro Gnaden Königin Aprikosa zum **Marillenkirtag** mit Spielmannszügen und Heurigen.

Karte Seite 138

Auch Richard Löwenherz war hier zu Gast: Dürnstein in der Wachau

12 **Dürnstein 13

Der Ort liegt herrlich zwischen Weinbergen und ist mit seinen Kopfsteinpflastergassen ein Juwel der Wachau. Um sich einen Überblick zu verschaffen, steigt man am besten zur Ruine der im 12. Jh. erbauten **Burg** hinauf. Richard Löwenherz wurde hier von Leopold VI. von Österreich gefangen gehalten, weil er ihn auf einem Kreuzzug beleidigt hatte – und weil die Auslieferung an Kaiser Heinrich VI. ein ordentliches Lösegeld versprach. Der Blick vom Burgberg reicht weit über die Donau hinein in die Wachau, der blauweiße Barockturm der **Stiftskirche** bildet einen schönen Vordergrund. Die Kirche ist Teil des ehemaligen Augustiner-Chorherrenstifts. Munggenast, Prandtauer und der Kremser Schmidt zählten zu den hier wirkenden Künstlern. (Apr.–Okt. tgl. 9–18 Uhr, www.stiftduernstein.at)

**Krems 14

Durch das Steiner Tor gelangt man direkt auf die Hauptachse der Stadt, die von schönen gotischen Bürgerhäusern wie dem Göglhaus gesäumte Obere und Untere Landstraße. Säulenhalle und Erker des Rathauses stammen aus der Renaissance. Das um 1560 erbaute Große Sgraffitohaus am Hohen Markt ist das Glanzstück von Krems. Im ehemaligen Dominikanerkloster dokumentiert das **Weinstadtmuseum** die Arbeitswelt der Winzer und zeigt Werke des Barockmalers Martin Johann Schmidt (Körnermarkt 14).

Die **Kunstmeile** mit Kunsthalle, Karikaturmuseum, Kloster Und, Forum Frohner und dem neu eröffneten Ernst-Krenek-Forum bildet den kulturellen Mittelpunkt der Stadt. Das sanierte Minoritenkloster hat seit Juli 2008 seine Pforten für Besucher geöffnet (Tel. 0 27 32/90 80 10, www.kunstmeile.cc). **Kloster Und** (Undstr. 6) steht heute für Lifestyle, Kunst und Genuss: Wo einst Kapuzinermönche wirkten, trifft man sich zu Kulturevents in der schicken Und-Lounge oder zum romantischen Abend im Arkadenhof des 3-Hauben-Restaurants Mörwald (Tel. 0 27 32/7 04 93, Mo geschl., ●●●).

***Stift Göttweig 15

Wenige Kilometer südlich von Krems thront auf dem Gipfel des Göttweiger Berges das zum UNESCO-Weltkulturerbe zählende barocke Stift. Das Museum im Kaisertrakt besitzt eines der schönsten barocken Treppenhäuser Europas. In den angrenzenden Zimmern versammelte man die Schätze des Stiftes. **Klostereigene Weine und regionale Spezialitäten bietet das Stiftsrestaurant.** (Ende März–15. Nov. tgl. 10 bis 18 Uhr, Juni–Sept. ab 9 Uhr, www.stiftgoettweig.at)

Am Fuß des Göttweiger Berges lädt die Wald-Erlebniswelt zum Spaziergang unter exotischen Bäumen.

Info

Tourismusbüro
Schlossgasse 3][3620 Spitz
Tel. 0 27 13/3 00 60 60
www.wachau.at

Hotels

■ **Hotel-Restaurant Richard Löwenherz**
3601 Dürnstein 8][Tel. 0 27 11/2 22
www.richardloewenherz.at
Romantische Zimmer im ehemaligen Klarissinnenkloster an der Donau. Weingut und Küche verwöhnen den

Das Steiner Tor in Krems

Körper in den historischen Räumen des Restaurants, die Seele schwingt im beschaulichen Klostergarten. ●●●

■ Hotel-Pension Wachau
Am Wachberg 3][3390 Melk
Tel. 0 27 52/5 25 31
www.hotel-wachau.at
Familiäres Hotel mit Landhausflair. Helles Holz und eine klare Linie ohne unnötigen Zierrat gestalten die kleinen, komfortablen Zimmer. ●●

■ Landhaus Bacher
Südtirolerplatz 2][3512 Mautern
Tel. 0 27 32/8 29 37
www.landhaus-bacher.at
Mo/Di geschl.
5 km von Dürnstein in Richtung St. Pölten. Familiär geführtes Haus mit schönem Garten, Restaurant mit preisgekrönter Küche. ●●

■ Alte Post
Obere Landstr. 32][3500 Krems
Tel. 0 27 32/8 22 76
www.altepost-krems.at
Romantikhotel in einem Gebäude des 16. Jhs. mit idyllischem Arkadenhof, 23 behagliche Zimmer. ●●

Restaurants

■ Tom's Restaurant im Hotel Stadt Melk
Hauptplatz 1][3390 Melk
Tel. 0 27 52/5 24 70][Mi geschl.
Gourmetküche mit niederösterreichischen Spezialitäten und exzellenter Weinauswahl brachte zwei Gault-Millau-Hauben. ●●●

■ m.kunst.genuss
Kunsthalle Krems
Tel. 0 27 32/9 08 01 01 68
tgl. 10–18 Uhr
Im extravaganten Glaspavillon der Kunsthalle gibt es **einfache, aber leichte und köstliche Küche.** ●●

Shopping

Ausgesuchte Weine in großer Auswahl bietet die Wein-Handlung Noitz im Kloster Und (**Undstr. 6, Krems, Tel. 0 27 32/7 07 04, So, Mo geschl.**). Die Vinothek wein.sinn veranstaltet auch Weinseminare (**Sandgrube 13, Krems, Mo–Sa, Mai–Okt. auch So Führungen 10 u. 14 Uhr oder nach Voranmeldung Tel. 0 27 32/8 55 11 33, www.sandgrube13.at**).

**Kamptal im Waldviertel

Riesige Wälder, klare Bäche und nach Norden hin immer sanfter werdende Hügel machen das Waldviertel zum Paradies für Naturliebhaber. Eine bergige Hügellandschaft, unterbrochen von schroffen Schluchten und drei Stauseen, begleitet den Kamp auf seinem Weg durch das mittlere Waldviertel. Schlösser und Burganlagen blicken von den Höhen auf den gelblich-roten Fluss mit seiner hervorragenden Wasserqualität. Den Unterlauf umgibt ein bekanntes Weinbaugebiet mit Zentrum in Langenlois.

**Zwettl 16

Teile der Stadtmauer aus dem 13. Jh. mit Wehrtürmen und einige schöne Bürgerhäuser aus dem 16. und 17. Jh. am lang gestreckten Hauptplatz haben sich noch erhalten. Nach einem kurzen Spaziergang durch den Ort gelangt man zum ****Zisterzienserstift** von 1138, das nach mehreren Erweiterungen Bauteile der Gotik,

Renaissance und des Barock zeigt. Der *Kreuzgang stammt aus der romanisch-gotischen Übergangszeit. Besuchen Sie die Schatzkammer, das Stiftsmuseum und die Bibliothek, denn die Äbte des Klosters waren höchst erfolgreiche Sammler von sakralen Kunstschätzen, Handschriften und Büchern. (www.stift-zwettl.at)

Schlösser im Kamptal

Das mit Originalmöbeln aus dem 16. Jh. ausgestattete Renaissanceschloss **Greillenstein** **17** überrascht mit Sandsteinzwergen im prächtigen Barockgarten. Abends sorgen **Geistertouren** in abgelegenen Winkeln der Burg für Gänsehaut. (April bis Okt. jeweils am letzten Fr im Monat, ab 8 Jahren, www.greillenstein.at)

Echt gut!

Eine der Hauptattraktionen des Kamptals ist das vollständig erhaltene ***Schloss Rosenburg** **18** mit Turnierhof – **einer großartigen Kulisse für Shakespeare-Aufführungen** oder die Greifvogelschau. Liebevoll gestalteten die Besitzer die Innenräume mit antiken Möbeln und wertvollen Kunstgegenständen. (Mai–Sept. 9.30–17, April, Okt. bis 16.30 Uhr, www.rosenburg.at)

Echt gut!

In der kleinen Marktgemeinde **Gars am Kamp** **19** dreht sich im Sommer alles um das Opernfestival. Eine hervorragende Kulisse bildet die Babenberger Burgruine (www.opernair.at).

Schloss Grafenegg **20** ist bekannt für sein gehobenes Kulturprogramm – die Open-Air-Bühne Wolkenturm und das 2008 eröffnete Auditorium sind die neuesten Spielstätten der »Symphonie der Sinne«. Die Prunkräume des Schlosses kann man von April bis Okt. Di–So 10–17 Uhr besichtigen. Zum Spazieren lädt der englische Landschaftspark ein. (www.grafenegg.at)

In **Langenlois** **21**, der größten Weinbaustadt Österreichs, steht das vom amerikanischen Stararchitekten Steven Holl erbaute Loisium, ein Weinzentrum besonderer Art, das zu **einer fantastischen Reise in die Welt des Weins** einlädt. Natürlich kann man den feinen Rebentrank auch mit nach Hause nehmen. (tgl. 10–19 Uhr, Dez.–März nur Fr–So, Tel. 0 27 34/3 22 40, www.loisium.at)

Info

- **Waldviertel Tourismus**

3910 Zwettl][Sparkassenplatz 4
Tel. 0 28 22/5 41 09
www.waldviertel.or.at

- **Weinviertel Tourismus**

Kolpingstraße 7][2170 Poysdorf
Tel. 0 25 52/35 15
www.weinviertel.at

Hotels

- **Wine&Spa Resort**

Loisium Allee 2][3550 Langenlois
Tel. 0 27 34/77 10 00
www.loisiumhotel.at
Nach einer Weinprobe übernachtet man am besten gleich nebenan im modernen 4-Sterne-Loisiumhotel mit großem Spa-Bereich. ●●●

- **Dungl-Medical-Vital-Resort**

Hauptplatz 58
3571 Gars a. Kamp

Karte Seite 138

Bedeutendes Bauwerk der Romantik: Schloss Grafenegg

Tel. 0 29 85/2 66 60
resort.willidungl.com
Hotel und Zentrum für traditionelle chinesische Medizin sorgen im Medical Resort von Prof. Dungl dafür, dass die energetischen Ströme richtig fließen. ●●

■ **Schloss Rosenau**
3924 Schloss Rosenau
Tel. 0 28 22/58 22 10
www.schlosshotel.rosenau.at
Romantik in einem kleinen Barockschloss mit wunderschönem Park, 9 km westlich von Zwettl. ●●

Unterwegs in Oberösterreich

**Linz 22

Die Hauptstadt Oberösterreichs (188 000 Einw.) zeigt in der hübschen Innenstadt Renaissancebauten mit barockisierten Fassaden. Der Hauptplatz bildet den Mittelpunkt der Stadt: Hier wurde 1723 zum Dank, dass die Linzer von der Pest verschont blieben, die **Dreifaltigkeitssäule** aus Marmor errichtet. An der Ostseite des Platzes steht das prächtige **Rathaus** aus dem 16. Jh. Über die Domgasse gelangt man zum **Alten Dom** (1678) mit prunkvoller barocker Ausstattung. Moderne Kunst von der Malerei bis zur Fotografie präsentiert das **Museum Lentos,** in dessen Glaskubus sich das Blau des Himmels und die Silhouette der Stadt spiegeln (tgl. 10–18 Uhr, Do bis 21 Uhr). Oberösterreichische Kunstwerke aus der Zeit bis zum 19. Jh. zeigt man im Renaissancebau des **Linzer Schlosses** (Di–Fr 9–18, Sa, So 10–17 Uhr). Seltene Wildpflanzen und Orchideen sind im **Botanischen Garten** auf der Gugl eine Augenweide (Gewächshäuser tgl. 8–17 Uhr).

2009 ist Linz Kulturhauptstadt – entsprechend groß ist das Angebot an Musik und Theaterprogrammen. Das bekannteste Festival ist die **Ars Electronica,** ein Fest für Kunst, Technologie und Gesellschaft. Die nostalgische **Pöstlingbergbahn,** die steilste Adhäsionsbahn Europas, fährt alle 20 min. auf den Linzer Hausberg. Ab Frühjahr 2009 wird die Bahn nach einjährigem Umbau wieder starten, auf neuen Gleisen mit fabrikneuen Fahrzeugen und umsteigefrei bis zum Hauptplatz. Einige der historischen Triebwagen fahren dann nur noch im Wechsel mit den neuen Bahnen. Mehr unter www.linzag.at unter »Tourismus und Freizeit«.

Info

Linz Tourismus
Hauptplatz 1][4020 Linz
Tel. 07 32/70 70 17 77
www.linz.at][www.linz09.at

Hotel

Spitzhotel
Fiedlerstr. 6][4040 Linz
Tel. 07 32/73 37 33
www.spitzhotel.at
Modernes Lifestyle-Hotel am Donauufer im Stadtzentrum. Die Räume sind individuell mit zeitgenössischer Kunst gestaltet. ●●

Restaurants

■ **Konditorei Leo Jindrak**
Herrenstr. 22-24][4020 Linz
Tel. 07 32/77 92 58
www.linzertorte.at][Mo–Sa 8–18 Uhr
Köstliche Kuchen, Mehlspeisen und original Linzer Torte serviert man in dem ausgezeichneten Kaffeehaus. ●●

■ **Stefan Stubm**
Garnisonstr. 30][4020 Linz
Tel. 0 70/6 04 08][www.stubm.at
Sa/So geschl.
Mousse von zweierlei Linsen, gebackene Blinznradl, Schupfnudln oder Grammel-Erdäpfelbuchtln. Finden Sie – ganz ohne Wörterbuch – am besten selbst heraus, wie's schmeckt. ●●

Nightlife

Das **Theater Phönix** inszeniert engagierte Stücke **(Wiener Str. 25, Tel. 01/66 65 00).** Zur Pubszene zwischen Hofgasse und Promenade zählt das **Linzerl,** eine gemütliche Bar mit guten Cocktails **(Hofberg 5).**

*Steyr 23

An der Mündung der Steyr in die Enns liegt die kleine romantische Stadt mit ihrem historischen Kern. Eisenverarbeitung mit Hilfe von Wasserkraft brachte dem Ort Wohlstand. Bauten verschiedener Stilrichtungen zieren die Gassen und Plätze – so die ausgesprochen schöne Rokokofassade des Rathauses. Barock gestaltet sind das **Sieben-Sterne-Haus** und das

Karte Seite 138

prächtige **Meditzhaus.** Etwas für Romantiker ist die **Christkindl-welt,** in der Puppen weltweite Weihnachtsbräuche darstellen. Steyr ist das ideale Eingangstor für den Besuch des Nationalparks Kalkalpen.

Hotels

Stadthotel Styria

Stadtplatz 40–42][4400 Steyr
Tel. 0 72 52/5 15 51
www.styriahotel.at

Stilvolle Noblesse erwartet den Gast in dem romantischen Hotel im Zentrum. Stuckdecken, Säulen und Wandmalereien zieren die Räumlichkeiten. ●●

**Nationalpark Kalkalpen

Ein alpines Wanderwegenetz führt im Sengsengebirge und Reichraminger Hintergebirge durch ausgedehnte Wälder und entlang ursprünglicher Bachläufe. Almwiesen, Orchideen, Höhlen und mehr lassen sich zu Fuß, per Pferdekutsche oder mit dem Rad erkunden. Übernachtungsmöglichkeit und Verpflegung bieten zahlreiche Berghütten und Almen. Der Nationalpark ist von drei Tälern aus zugänglich, entsprechend ist er in die Unterregionen Steyrtal, Ennstal und Pyhrn-Priel unterteilt.

Das **Nationalparkzentrum Molln** **24** im Steyrtal gibt einen guten Überblick über die sportlichen Möglichkeiten und die geologischen, tierischen und pflanzlichen Höhepunkte.

Stadtplatz in Steyr

Im Ennstal informiert zwischen Reichraming und Großraming ein weiteres **Besucherzentrum** zum Themenschwerpunkt Wald. Hier kann man Kanufahrten auf der Enns buchen. Die Region Pyhrn-Priel im Süden des Nationalparks erreicht man über die A9 nach Windischgarsten.

Info

- **Nationalparkzentrum Molln**
  Mai bis Okt. tgl. 8–17 Uhr,
  Sa, So ab 9 Uhr][Tel. 0 75 84/36 51
  www.kalkalpen.at
- **Nationalpark Besucherzentrum Ennstal**
  Mai–Okt. tgl. 9–17 Uhr
  Reichraming][Tel. 0 72 54/8 41 40

Infos von A–Z

All-Inclusive Cards

Die meisten Ferienregionen sowie großen Städte bieten All-Inclusive Cards an. Der Eintritt zu vielen Sehenswürdigkeiten, Fahrten mit Bergbahnen etc. sind im Preis enthalten oder verbilligt.

Ärztliche Versorgung

Gesetzlich Versicherte erhalten von ihrer Krankenkasse eine Europäische Krankenversicherungskarte (EHIC). Eine Auslandsreisekrankenversicherung mit medizinisch notwendigem Rücktransport ersetzt sie nicht. Ärztenotdienst Tel. 1 41.

Bedienungs- und Trinkgelder

Auch wenn das Bedienungsgeld im Preis inbegriffen ist, sind bei gutem Service 5–10% Trinkgeld für Kellner angemessen. Auch bei allen anderen Hotelangestellten, bei Taxifahrern, Zeitungsverkäufern und Tankwarten ist das Trinkgeld Teil des Einkommens.

Behinderte

Über behindertenfreundliche Angebote informiert die Österreich-Werbung. Die Österreichische Bundesbahn gibt eine eigene Broschüre heraus (Praterstern 4, 1020 Wien, Tel. 01/5 80 03 58 00).

Diplomatische Vertretungen

- **Botschaft der Bundesrepublik Deutschland,** Metternichgasse 3, 1030 Wien, Tel. 01/71 15 40, www.wien.diplo.de.
- **Schweizer Botschaft,** Prinz-Eugen-Str. 7, 1030 Wien, Tel. 01/7 95 05, www.eda.admin.ch/wien.

Einreise

An der deutsch-österreichischen Grenze gibt es zwar normalerweise keine Kontrollen mehr, trotzdem sollten EU-Bürger immer einen Ausweis mitführen. Schweizer Staatsbürger benötigen für Aufenthalte bis zu drei Monaten nur einen Personalausweis, Kinder müssen im Pass der Eltern eingetragen sein oder einen Kinderausweis besitzen.

Geld

Euronoten und Fremdwährung dürfen in unbeschränkter Höhe ein- und ausgeführt werden. An zahlreichen Bankomaten kann man mit ec- und Kreditkarte Geld abheben. Kreditkarten werden in Hotels und Restaurants akzeptiert.

Feiertage

1. 1. (Neujahr); 6. 1. (Dreikönigstag); Ostermontag; 1. 5. (Tag der Arbeit); Christi Himmelfahrt; Pfingstmontag; Fronleichnam; 15. 8. (Mariä Himmelfahrt); 26. 10. (Nationalfeiertag); 1. 11. (Allerheiligen); 8. 12. (Mariä Empfängnis); 25./26. 12. (Weihnachten).

Haustiere

Hunde und Katzen müssen seit 2004 gechippt sein (Übergangsregelungen für ältere Tiere) und einen EU-Heimtierpass haben, in dem eine gültige Tollwutimpfung attestiert ist. Bei einer Erstimpfung muss diese mindestens 21 Tage zurückliegen. In öffentlichen Verkehrsmitteln dürfen Hunde nur mit Leine und Beißkorb transportiert werden. Auch bei Wanderungen in Alm- und Waldgebieten muss der Hund angeleint sein.

Impfungen

Für Reisen in den Osten und Südosten Österreichs (Steiermark, Kärnten, Burgenland, Teile Niederösterreichs) wird eine Zeckenschutzimpfung empfohlen.

Bei fehlendem Impfschutz empfiehlt es sich dringend, im Fall eines Zeckenbisses sofort einen Arzt aufzusuchen.

Information

Die **Österreich Werbung** informiert gerne per Telefon und Internet (www.austria.info) oder schickt Prospekte, Broschüren und Hotelverzeichnisse. Die Auswahl an Informationsmaterial ist groß, deshalb sollte man schon gezielt nach bestimmten Reisezielen und/oder Urlaubsaktivitäten fragen. Fast jede Gemeinde hat ihre eigene Touristeninformation.

- **In Deutschland:** Tel. 0 18 02/10 18 18 (Mo–Fr 9–17 Uhr), Fax 0 18 02/10 18 19, urlaub@austria.info
- **In der Schweiz:** Tel. 08 42/10 18 18, Fax 08 42/10 18 19, ferien@austria.info
- **In Österreich:** austria.info, Postfach 83, 1043 Wien, Tel. 08 10/10 18 18, urlaub@austria.info, www.austria.info

Notruf

- **Polizei:** Tel. 1 33
- **Feuerwehr:** Tel. 1 22
- **Ambulanz, Notarzt (»Rettung«):** Tel. 1 44
- **Pannendienst:** ARBÖ Tel. 1 23, ÖAMTC Tel. 1 20

Öffnungszeiten

- **Geschäfte:** in der Regel Mo–Fr 9–18, Sa bis 13 Uhr (erster Sa im Monat bis 18 Uhr), in Fremdenverkehrsorten wochentags bis 20 oder 21 Uhr, Sa bis 18 Uhr.
- **Banken:** Mo–Fr 8–12, 13.30–15 Uhr.
- **Postämter:** Mo–Fr 8–12, 14–18 Uhr, in größeren Städten durchgehend und Sa 8–10 Uhr.
- **Museen:** häufig am Montag geschlossen, einige der kleineren Museen schließen von November bis Ostern; im Hochsommer gelten generell längere Öffnungszeiten. Es empfiehlt sich, vor einem Besuch bei der Touristeninformation des Ortes anzurufen.

Telefon

Öffentliche Telefone funktionieren mit Münzen oder Telefonkarte, die man bei jedem Postamt erwerben kann (zu 5 und 10 Euro). Gespräche vom Hotelapparat aus sind teuer. Von 18 bis 8 Uhr und am Wochenende sind Inlandsgespräche günstiger.

Vorwahlen: Von Österreich nach Deutschland 00 49, in die Schweiz 00 41; nach Österreich 00 43, danach jeweils Ortsvorwahl ohne 0 und Teilnehmernummer. Fernsprechauskunft für Österreich und EU: 11 88 77, weltweit: 09 00/11 88 77.

Zoll

Für Deutsche gibt es seit dem Beitritt Österreichs zur EU keinerlei Beschränkungen mehr. Bei größeren Mengen (ab 90 l Wein, 10 l Spirituosen, 800 Zigaretten) muss man den Eigenbedarf glaubhaft machen.

Schweizer über 17 Jahre dürfen 200 Zigaretten, 2 l Alkohol unter 22 Vol.-%, 1 l über 22 Vol.-% sowie Geschenke bis zum Wert von 300 € einführen. Bei der Wiedereinreise in die Schweiz gelten die oben genannten Mengen für Tabak, außerdem 2 l alkoholische Getränke unter 15 Vol.-% und Waren im Gesamtwert von 300 CHF.

Urlaubskasse	
Tasse Kaffee	2,30 €
Softdrink	2 €
Glas Bier	2,50 €
Paar Frankfurter mit Brot	2,50 €
Kugel Eis	0,80 €
Taxifahrt (pro Km)	1,85 €
Mietwagen/Tag	80 €

Register

Bildnachweis

Alamy/Robert Harding Picture Library Ltd.: 97; APA Publicattions/Anabel Elston: 23, 53, 58; Bildagentur Huber: 131; Bildagentur Huber/Gräfenhain: 67, 161; Bildagentur Huber/Johanna Huber: 109; Bildagentur Huber/Tom Mackie: 40; Bildagentur Huber/Mirau: 126; Bildagentur Huber/Picture Finders: 42; C. Eder: 26; N. Förg: 64; Fotolia.com/Bergfee: U2-Top12-06, 18; Fotolia.com/Christian Deppisch: 84; Fotolia.com/Christa Eder: U2-Top12-04; Fotolia.com/Ernst-P.: 115; Fotolia.com/gallas: U2-Top12-11; Fotolia.com/Gethin: U2-Top12-02, 2-1; Fotolia.com/Martin Horinek: 140; Fotolia.com/Kalin Kostov: U2-Top12-10; Fotolia.com/Walter Luger: U2-Top12-12; Fotolia.com/momanumo: 73; Fotolia.com/Johanna Mühlbauer: U2-Top12-09; Fotolia.com/Harald Sack: U2-Top12-01, 47; Fotolia.com/Elvira Schäfer: 155; Fotolia.com/m. schukart: 146; Fotolia.com/Vadim Shtral: 51; Fotolia.com/snappy: 148; Graz Tourismus: 89; Gut Aiderbichl: 76; Veit Haak: 57, 59, 79, 154; Rainer Hackenberg: U2-Top12-03, U2-Top12-08, 125, 152, 159; Herbert Hartmann: 2-2, 119, 156; Hotel Alpenrose: 27; Volkmar Janicke: 78, 81, 85, 103, 107; Jupiterimages/Geiersperger: 90; laif/L. Caputo: 37; laif/P. Hahn: 144/45; laif/Heidorn: 54; laif/Bernd Jonkmanns: 108; laif/C. Piepenburg: 25; laif/Guenther Standl: 61, 92, 134; laif/Berthold Steinhilber: 34; laif/Zahn: 121, 122; laif/Zanettini: 117; LOOK-foto/age fotostock: 10, 48, 87; LOOK-foto/Thilo Brunner: 28; LOOK-foto/Norbert Eisele-Hein: 63; LOOK-foto/Harald Eisenberger: U2-Top12-07; LOOK-foto/Hermann Erber: 13; LOOK-foto/Sabine Lubenow: 8; LOOK-foto/Ingolf Pompe: 101, 136; LOOK-foto/Andreas Strauss: U2-Top12-05, 5, 6, 82; LOOK-foto/TerraVista: 111, 151; LOOK-foto/Konrad Wothe: 1; Österreich Werbung: 94; Marton Radkai: 15, 24, 132, 133; Salzburger Land: 19; Schlosshotel Velden: 95; Walter Storto: 65, 105; Vitalwelt Hausruck: 88; Wasserwunderwelt: 21.

www.polyglott.de

Polyglott im Internet: www.polyglott.de

Impressum

Wir freuen uns, dass Sie sich für einen Reiseführer aus dem Polyglott-Programm entschieden haben. Auch wenn alle Informationen aus zuverlässigen Quellen stammen und sorgfältig geprüft sind, lassen sich Fehler nie ganz ausschließen. Wir bitten um Verständnis, dass der Verlag dafür keine Haftung übernehmen kann. Ihre Hinweise und Anregungen sind uns wichtig und helfen uns, die Reiseführer ständig weiter zu verbessern. Bitte schreiben Sie uns:

Polyglott Verlag, Redaktion, Postfach 40 11 20, 80711 München, redaktion@polygott.de

Wir wünschen Ihnen eine gelungene Reise!

Herausgeber: Polyglott-Redaktion
Autoren: Nicola Förg, Christian Eder (Special »Radfahren« und »Wellness«) und Margret Hütt
Neukonzeption: Margret Hütt
Redaktion: Barbara Kreißl
Bildredaktion: Polyglott und Ulrich Reißer
Layout: Ute Weber, Geretsried
Titeldesign-Konzept: Studio Schübel Werbeagentur GmbH, München
Karten und Pläne: Polyglott-Kartografie und GeoGraphic Publishers, München
Satz: Schulz Bild & Text, Hamburg
Druck: Himmer AG, Augsburg
Bindung: »Butterfly«-Bindeverfahren zum Patent angemeldet durch Kolibri Industrielle Buchbinderei GmbH 2008

Printed in Germany
Dieses Buch wurde auf chlorfrei gebleichtem Papier gedruckt.
ISBN 978-3-493-55702-2

Langenscheidt Mini-Dolmetscher Österreichisch

Das Österreichische hat viel mit dem Bairischen gemeinsam. Nur die Vorarlberger stehen sprachlich dem Schwäbischen näher. Der ständige Kontakt Altösterreichs mit den vielen Völkern der Habsburgermonarchie, aber auch mit den Nachbarn ließ zusätzlich vielerlei sprachliche Elemente ins Österreichische einfließen. So ist diese Sprache bis heute voller Eigenheiten, die dem (Nord-)Deutschen weitgehend fremd sind.

A

aba, ober [owa]	herunter
abistessen [obischdessn]	hinabstoßen, in einem Zug austrinken
Adabei	Wichtigtuer („Auchdabei")
allweil, allerweil [allaweil]	immer, stets
alsdann [oisdann]	also dann (Einleitung oder Aufforderung)
anbandeln [anbandln]	ein Liebesverhältnis einzuleiten versuchen
anessen [anessn]	sich satt essen
antun, sich etwas	sich (grundlos) über etwas aufregen
auffi	hinauf
ausgsteckt is	Anzeige durch einen Föhrenzweig, dass ein Heuriger geöffnet hat

B

Backhendl	Backhähnchen, frittiert
benzen [benzn]	betteln, bitten, tadeln
bissel, bisserl	ein wenig, bisschen
blad [blaad]	dick
brocken	pflücken
brodeln [brodln]	trödeln, langsam sein
büseln [büsln]	schlafen
Bussel, Busserl	Kuss, Küsschen

D

dalkert [doikad]	dumm, kindisch, ungeschickt
damisch	dumm
Deka	10 Gramm
Doppler	2 Liter (-Flasche)
Dulliöh [dulliäh]	Rausch, Ausgelassenheit

E

eh	ohnehin
einschichtig	einsam, abgelegen, einzeln
Erdäpfel	Kartoffeln

F

fad	langweilig, ängstlich
fadisieren	sich langweilen
Falott	Gauner
fensterln	nachts bei einem Mädchen (durchs Fenster) einsteigen
fesch	hübsch, flott, gut angezogen
Fetzen [Fetzn]	Lumpen, Staubtuch, Kleidungsstück, Rausch
Fierant	(Markt-) Händler
fretten [frettn]	sich abarbeiten, sehr bemühen
Frittate	Pfannkuchen, geschnitten

G

Gatsch [gaadsch]	Matsch, Brei
geldig [gödig]	reich
Gelse [Göissn]	Stechmücke
gelt? [göi]	nicht wahr?
gespritzt [gschbritzt]	verdünnt (mit Soda- oder Mineralwasser)
Gfrett, Gefrett	Plage, Mühe, Ärger
Glump, Glumpert	wertloses Zeug
gmahte Wiesen	sicherer Erfolg
Goscherl	Mund
grantig	übel gelaunt
grauslich	ekelhaft, hässlich
gschert, geschert	dumm, grob, ungebildet

H

Haberer [hawara]	Freund, Kumpan, Liebhaber
hatschen [hadschn]	schlendern, hinken, schleppend gehen